中國飲食文化史　長江中游地區卷・下冊

The History of Chinese Dietetic Culture
Volume of the Middle Reaches of the Yangtze River

目錄

Contents

第六章 明至清中葉『天下糧倉』的形成與傳統食俗的確立

明至清中葉的五百年間，長江中游地區的飲食文化進一步發展，主要體現在：糧食生產在全國居於舉足輕重的地位；甘藷、玉米等作物的引進對民眾食物結構產生較大影響；傳統飲食風俗、飲食風味基本確定；食療養生理論趨於成熟。

第一節　長江中游地區農副業生產的輝煌時期

一、「湖廣熟，天下足」

❶．「湖廣熟，天下足」諺語的由來

「湖廣熟，天下足」的諺語始見於明中葉湖南郴州人何孟春所撰《餘冬序錄》，該書卷五十九《職官》云：「今兩畿外，郡縣分隸於十三省，而湖藩轄府十四，州十七，縣一百四，其地視諸省為最巨，其郡縣賦額視江南、西諸郡所入差不及，而『湖廣熟，天下足』之謠，天下信之，地蓋有餘利也。」據該書作者自序稱，此文為明弘治年間（西元1488-1505年）所作。可知，「湖廣熟，天下足」這一民諺至遲在處於明朝中期的弘治初年已在民間出現。

明末，兩湖經濟水平提高，明代張翰《松窗夢語》中有湖廣「魚粟之利遍於天下」之說，明末吳敬盛等人所撰《地圖綜要》內卷《湖廣總論》云：「中國之地，四通五達，莫楚若也。楚固澤國，耕稼甚説，一歲再獲，柴桑吳楚多仰給焉。諺曰：『湖廣熟，天下足』，言其土地廣沃，而長江轉輸便易，非他省比。」

到清代，「湖廣熟，天下足」這一民諺便從民間走入了宮廷，屢次出現於皇帝諭旨和大臣的奏摺之中，如《清聖祖實錄》卷一九三康熙三十八年（西元1699年）六月戊戌條載：「諭大學士等：……諺云『湖廣熟，天下足』。江浙百姓全賴湖廣米粟……」《康熙朝漢文硃批奏摺彙編》載，康熙五十七年（西元1718年）在江西巡撫白潢的奏摺中硃批道：「湖廣、江西大熟，天下不愁米吃了。」康熙五十八年（西

元1799年）在湖廣巡撫張連登的奏摺中硃批道：「俗云：『湖廣熟，天下足』，湖北如此，湖南亦可如矣。」《雍正硃批諭旨》載，雍正九年（西元1731年）在湖廣總督邁柱的奏摺中硃批道：「民間俗諺『湖廣熟，天下足』，豐收如是，實慰朕懷。」《宮中檔乾隆朝奏摺》載，乾隆三十年（西元1765年）湖南學政李綬奏稱湖南水鄉，地宜種稻：每田一畝可收穀四石，是以有「湖廣熟，天下足」之說。

可以看出，明清時期長江中游地區的糧食生產狀況在全國具有舉足輕重的作用，對全國飲食生活的重要性不言而喻。

❷ ·「湖廣熟，天下足」的表現

兩湖地區以水稻種植為主，湖北水田占耕地面積的90%左右，湖南為53%左右，兩省合計在68%左右。糧食生產中，稻穀約占總產的70%左右，其次是小麥、粟穀、蕎麥、豆類、高粱、黍、穇子、薏苡仁、芋類等。玉米、甘藷、馬鈴薯在清中後期產量不斷上升，占糧食總產的比例逐漸增大。

兩湖糧食的充裕，主要表現在漕糧本色、倉廩積貯、外省採買、軍糈（xǔ）供給、客商販運等方面。[1]

（1）漕糧本色　自唐末至明清，原定徵收的實物田賦稱「本色」。清代湖廣以本色征者主要有「北漕」（運往京倉的正兌漕米）、「南糧」（運往荊州駐防旗兵和各州縣綠營的糧食）兩種。明代湖廣正兌漕糧額萬石，除永折米外，實征本色正兌米212265石。其時每正米一石加耗四斗，湖廣每年運京漕米約30萬石。清代改為官收官兌，每正米一石再加耗二斗，清代兩湖實際起運漕糧應為31萬-33萬石。

（2）倉廩積貯　清代倉儲有常平倉、社倉、義倉之別，而以常平、社倉為主，所貯糧食除供地方平糶（tiào）、賑濟、借用之外，也撥運他省。清康雍乾時期兩湖倉儲糧食逐漸增加，康熙時期約在100萬石（所貯為米），雍正朝約在150萬石（雍正時改為貯穀）以下，乾隆朝則多在200萬石以上，高至近400萬石。大約「湖廣

1　龔勝生：《清代兩湖農業地理》，華中師範大學出版社，1996年，第252-255頁。

熟，天下足」流傳時期兩湖倉儲以米計年平均在100萬石左右。

（3）外省採買　這是一種非常經常性的官糴糧食活動，採買地多在湖廣，有時一省獨買，有時數省齊至，而以長江下游地區的江、浙等省來湖廣購糧者為多。採買多時達四五十萬石，少時不過數萬石。雍正初，湖南巡撫魏廷珍奏稱，在商販流通的情況下，收成若在八九份以上，湖南境內可採買米10萬石，如收成不足八九份，則宜停止外省來湖廣採買。[1]所以此後在湖廣採買，一般以10萬石為額，若需多買，則動用常平倉穀。

（4）軍糈供給　軍糈，即軍中糧餉。軍糈供給主要是年征年解的南糧，在清康雍乾時期兩湖南糧米總在26萬至28萬石間波動，供兩湖八旗、綠兵營消費。此外，鄰省有戰事時，其軍糈也多取之於兩湖。如康熙時平定吳三桂時，四川官兵的糧食就是由湖北供應的，大兵雲集的湖南也有朝廷委官均糴供川。[2]

（5）客商販運　這是兩湖餘米外運的主要形式。《康熙朝漢文硃批奏摺彙編》載，康熙四十八年（西元1709年）五月湖廣巡撫陳詵奏報，「岳州之米自湖南來，十日之中亦不下三十餘萬」，湖南經岳陽進入長江之米平均每日達3萬多石，此正當青黃不接之時，湖南尚有如此巨額餘米，可見產糧之豐。這些糧食均是由客商販運而來。若以此當兩湖每日輸出米石數，則兩湖一年輸出大米可達1000多萬石。《雍正硃批諭旨》載，雍正十二年（西元1734年）五月十五日湖廣總督邁柱奏稱，「江浙官糴商販，陸續搬運四百餘萬之多」，七月初八又奏，「江浙商販已運米五百餘萬石」，以此估算，兩湖全年僅販運至江浙的大米就達1000萬石左右。

明、清代兩湖糧食的輸達地域十分廣闊。明代《地圖綜要》云：「中國之地，四通五達，莫楚若也。」《宮中檔乾隆朝奏摺》載，清代湖北巡撫陳輝祖也說：「湖廣為產米之區，向有年熟人足之謠，其地下通江浙，旁連兩粵，上接蜀江，凡米物轉販，自此絡繹趨赴。」兩湖餘米輸達地，包括與之相鄰的河南、陝西、四川、貴

1　《硃批諭旨》，雍正元年（1723年）十一月二十五日湖南巡撫魏廷珍奏。

2　《康熙起居注》，第513頁，轉引自龔勝生：《清代兩湖農業地理》，華中師範大學出版社，1996年，第258頁。

州、廣西、廣東、江西、安徽等八省，以及江蘇、浙江、福建等地。

明、清兩代湖廣的米穀主要是流向江、浙兩省。康熙三十八年（西元1699年）六月上諭更說：「江浙百姓全賴湖廣米粟。」

此外，江西的糧食生產在明、清兩代也占有重要地位。江西省在明清之際水田比重大，約為85%，旱地僅為耕地的15%。以種植水稻為主，居民以大米為主糧。明洪武、弘治、萬曆時期，江西一省稅糧占全國近1/10，說明江西當時糧食產量是相當高的。

清代江西人口增加迅速，糧食生產也得到了相應的發展，其田賦糧額占全國總量的一至二成。[1]人們講到長江下游對中游的依賴時，以及論及全國主要產米區時，康雍乾時期，人們往往將江西與湖廣並稱。江西米穀也是江浙等省依賴的重要來源之一。

總之，湖廣、江西在明、清兩代，特別是明末至清中期以前，所產糧食惠及十餘省，尤其是對江浙地區的糧食供給起到了極為重要的作用。

❸．「湖廣熟，天下足」形成的原因

「湖廣熟，天下足」形成的原因，首先是人口與耕地的因素。從人口密度上比較，湖廣地區遠低於江浙等地，在這句諺語流布之前和流行之時，湖廣人均耕地占有數遠高於江浙地區。從明洪武年間至清雍正朝，兩湖人均田地占有額基本上是江蘇、安徽、浙江諸省的4-6倍，如此懸殊的差距是造成兩湖餘糧而江浙徽缺糧的最基本原因。[2]

其次是農業經濟結構與市鎮發展的因素。明代正德《松江府志》卷四記載，當時的蘇松嘉湖地區，經濟結構發生了很大的變化。農業中棉花種植面積和蠶桑經營的擴大，大大壓縮了生產稻米的耕地面積。清代，棉、桑、藍靛、煙、茶等經濟作物種植面積的迅速擴大，專業種植區域的形成，加劇了蘇松嘉湖地區嚴重缺糧的現

1 梁方仲：《中國歷代戶口、田地、田賦統計》，上海人民出版社，1980年。

2 梁方仲：《中國歷代戶口、田地、田賦統計》，上海人民出版社，1980年。

實，以致許多農家靠商品糧生活。此外，江浙市鎮經濟，商業、手工業的發展，令非農業人口不斷增多。而兩湖的情況則正相反，商品經濟水平不高，「耕稼之外，並無商賈別業」。[1]

再次是田賦徵糧的因素。長江中游地區每年所納賦糧的數額比長江下游地區少得多，客觀上刺激了長江中游地區人民的種糧熱情。如顧炎武《日知錄・蘇松二府田賦之重》中所說：「（明人）丘濬《大學衍義補》曰：韓愈謂賦出天下，而江南居十九。以今觀之，浙東西又居江南十九，而蘇、松、常、嘉、湖五府又居兩浙十九也。……其田租比天下為重，其糧額比天下為多。今國家都燕，歲漕江南米四百餘萬石，以實京師。而此五府者，幾居江西、湖廣、南直隸之半」。

優越的地理環境，有利的田賦政策，使長江中游地區糧食產量極為豐富，加之有便利的水路交通為調劑米糧供應提供了條件。因此，長江中游地區特別是湖北、湖南兩省，在全國糧食生產與供應中的重要地位得以確立和充分顯現，「湖廣熟，天下足」也就成了歷史的必然。為長江中游地區在中國飲食史上書寫了光輝燦爛的篇章。

二、品類繁多的農副產品

經過歷代長江中游地區勞動人民的辛勤勞作，不斷引進和開發新品種，至二十世紀初，食物原料已相當豐富。本節主要依據宣統《湖北通志》之卷二十二、二十三、二十四「物產」，光緒《湖南通志》之卷四十八「物產」，光緒《江西通志》卷之四十九「物產」等文獻資料對這一時期的飲食種類做一介紹。

❶・五穀類

僅《湖北通志》中即記有五穀類40多種。品種有：粳稻、糯稻、香稻（有粳糯

1　盧希哲：《黃州府志》卷三六，上海古籍書店，1965年。

二種， 者曰香秔，或謂之香粉晚）、折粳、冰水稻、旱稻、穮穀、撒穀、麥（有大麥、小麥之別）、六棱麥、燕麥、蕎麥（有甜苦二種）、粱（有飯、糯二種，俗統名曰高粱）、粟（俗又謂之小米，有稉、糯二種）、秋穀、觀音穀、黍（有赤黃黑白數種，有黍型即黍子、稷型即稷子、黍稷型即糜子三種）、稷（有黃黑數種）、蜀黍、玉蜀黍（即玉米）、穇子（結穗如粟子，細如黍，色赤。穇子口感粗澀，可煮飯、熬粥、磨粉，也可釀酒）、仙穀（《施南府志》：土人一名仙姑米）、豆（有黃豆、黑豆、青豆、綠豆、紅豆、扁豆、豌豆、刀豆、飯豆、蠶豆、蛾眉豆、羊眼豆、觀音豆、菜豆、黎豆、元修豆、苦菽等種）、脂麻（即胡麻、芝麻）、蘇麻、荏子、菰米（又作苽米、雕苽、雕胡米、茭米等，俗稱茭白子）、薏苡仁。

❷・蔬菜類

據不完全統計，長江中游地區的蔬菜類已達120餘種，有薑、紫薑（《明一統志》襄陽縣山宴紫薑，即紫芽薑）、乾薑、冰薑、美人薑、黃薑、椒、蜀椒、崖椒、辣椒、七姊妹、山胡椒、胡荽（芫荽）、回香、蔥、樓蔥、四季蔥、火蔥、水晶蔥、胡蔥、蒜（又分為天蒜、野蒜、野虎蒜、老鴉蒜四種）、薤（xiè）、山薤、韭、仙人韭、薺、雪裡蕻、擘藍（即苤藍，屬十字花科植物甘藍的變種）、菘（俗名白菜）、春不老、岩白菜、黃芽白、茯苓白、蓮花白、蕪菁（即蔓菁）、石上蕪菁、萊菔（有青、白、紅蘿蔔）、萵苣、生菜（即白苣）、苦菜（即苦苣）、莙菜、菠稜、雞冠莧（有黃、白二種，嫩時炸食味如莧）、鼠齡莧、仙穀莧、野莧、馬齒莧、茄（有青、紫、白三種）、天茄、海茄、香菜、芹菜、白芹、葵、藤菜、紫菜、蕻菜、薺菜、巢菜（《黃州府志》：元修菜即巢菜。《本草綱目》引蘇東坡語：「菜之美者，蜀鄉之巢。故人巢元修嗜之，因謂之元修菜。」）、蕨、藜、苜蓿、蒿菜、蓴、蘊（yùn）、鯰魚須、蒲筍、黃葑菜、荳蔻菜、羊角菜、珍珠菜、荊芥菜、羅漢菜（即蘿蔔纓，因僧家常食故名）、根子菜、石髮菜、蘘荷、玉環菜、百合、薯蕷（即山藥）、芋、洋芋（即馬鈴薯）、磨芋（即魔芋，又稱鬼芋。）土芋、甘藷（即山薯、蕃薯，兩湖地區現多稱紅苕）、羊蹶菜、黃花菜、鋸兒菜、狗腳跡、剪刀菜、馬蘭丹、筆管菜、鵝腸菜、王瓜菜、棠子菜、鼠 、鵝兒菜、棉花菜（即清明菜）、龍鬚菜、江女菜、陽雀菜、乾魚菜、山菜、棋盤菜、金豆子、竹葉菜、胡椒菜、薑葉筍、臭娘菜、豆瓣菜、糯米菜、婆婆鍼、奶漿菜、菌、木耳、石耳、地耳（形似木耳）、葛化菜、葛仙菜、筍、坎菜等。

❸．瓜果類

據不完全統計，長江中游的瓜果類有80餘種，主要品種有：柑、橙、橘、柚、林檎、柰、椑柿、棗、栗、杏、山楂、銀杏、桃、櫻桃、胡桃、李、梅、楊梅、榴、枇杷、葡萄、枸櫞、落花生、橄欖、榧子、沙棠果、羅漢果、海紅、胡頹子、無患子、八月爹（zhā）、救兵糧、孟子果、苦櫧、榛、桑葚、菱、芡（即雞頭米）、藕、梨、松子、木瓜、梧實（即梧桐子）、蔗、萍實、茨菰、鳧茈（即荸薺）、北瓜、西瓜、包瓜、金瓜、馬勃瓜、絞瓜、哈密瓜、洗瓜、鐵瓜、胡瓜（即黃瓜）、越瓜、絲瓜、南瓜、冬瓜、節瓜、苦瓜、瓠、壺蘆、香瓜等。

❹．禽類

據統計，長江中游的禽類食品有100餘種。在《湖北通志・物產》中即載有如下品種：雉、錦雞、山雞、吐綬雞、綬帶雞、鶧（yīng）雞、鷮（jiāo）雞、白翅雞、竹雞、白鷳、烤雉、鴿、陽山雀、雀、黃脰（dòu）雀、蒿雀、秧雞、蘿鵝、麻城鵝、子房鴨、倫雞等。

又據《湖南通志・物產》載，記有下列品種：鵝、鴨、雞、鴿、竹雞、水雞、鵪鶉、瓦雀、錦雞、雉、雁、天鵝、駕鵝、鴞、鵜鶘（tíhú，多游小澤食魚）、靈雞、鸊鷉（pìtī）（俗名淚雞）、桑扈（食肉不食粟）等。

❺．畜類

《湖北通志・物產》載有數十種可食性畜類動物，如：旄牛、駝牛、山牛、白羊、羚羊、山羊、青羊、山驢、野豬、豪豬、泥豬、獨豬、狗、狡、山狗、貉、狸、鹿、白鹿、角鹿、七星鹿、麞、獐、麝、麂、猴、兔、蝟、鼠、松鼠、竹鼠、田鼠、毛鼠、山鼠、豬等。

《湖南通志・物產》中也載有如下品種：馬、騾、驢、水牛、黃牛、羊、豕、犬、鹿、獐、麂、麂、獾、熊、兔、狸、野豬、狐、山羊、鼠、野貓、山牛、竹鼠、風林鼠、飛虎（形如大貓）等。

❻ · 水產類

長江中游地區河湖密佈，具有豐富的水產資源。《湖北通志・物產》中載有近百種。其中魚類主要品種有：黃魚、龍子、鯰、鮠、鱨（俗又謂之黃顙魚）、鱧（俗名烏魚，又謂之烏鱧）、鯉、鯿、鮒（即鯽魚）、銀魚、鱵（zhēn）魚、春子魚、鮆魚、油魚、麥魚、鱖、陽歸魚、紅翅魚、鰣魚、鱴（miè）刀魚、鯼（zōng）魚、魮魚、黃鷂魚、新羅魚、湯泉魚、鱅、鰱、鮫魚、習池魚、古井魚、神陂魚、彈琴魚、鱉魚、文魚、陽魚、桃花魚、露魚、泉魚、白露魚、蒿簪、碥頭、紅眼魚、甘魚、白魚、丁公魚、赤魚、花線魚、烏鱗、白頰魚、神魚、龍眼魚、野貓魚、爬岩魚、麻姑丁、筒子、火燒翁、鰠魚、柳眼魚、鯊、銅線魚、雄黃魚、鯇魚、鰥（guān）、鰷、黃（gù）魚、鰻鱺、鰌（qiū）、河豚、鯆魣等。介類主要品種有：鱉、蟹、蚌、馬力、蛤、蚶、蜆、亮蝦、蝸蠃、鯪鯉等。

第二節　外來作物的引進對居民飲食的影響

一、甘藷、玉米引進後成為主糧

❶ · 甘藷

甘藷別名紅薯、紅芋、紅蕷、蕃薯、飯薯、番蕷、苕、紅苕、地瓜等，在明萬曆年間由廣東和福建兩省傳入中國內陸地區。

長江中游地區至遲在清康熙年間開始種植甘藷。康熙《寶慶府志・物產》記載：「蕃薯有數種，始於臺灣，盛於閩廣，人多賴此為富足。近內地亦漸及，俗謂之地瓜」。

隨著甘藷易種和高產的特性逐步為世人所認識，又由於自清乾隆時期始人口的激增，促使甘藷的種植面積越來越大。這一時期的江西、湖南、湖北地方志對甘藷的種植以及當食備荒之用多有記載。江西瑞金縣乾隆年間編寫的「縣志」載：「向時此種尚少，近年比户皆種，用代雜糧。」光緒《武昌縣志・物產》載：「番蕷，遍地種之……高宗純皇帝特命中州等地給種教藝，俾佐粒食，自此廣佈蕃滋。」同治《來鳳縣志・物產》載：「乾隆五十一年侍郎張若淳請敕直省勸種甘藷以為救荒之備」。

到同治光緒年間，甘藷已發展成為有些地區的主要糧食作物。如同治《龍山縣志・物產》記，「窮民賴其濟食與包穀同」，將甘藷列人穀物類。光緒《武昌縣志・物產》也云：「遍地種之，人以為糧。」這一時期甘藷成為與稻穀、小麥、玉米並列的中國四大食糧之一。

❷・玉米

玉米別名包穀、玉蜀黍、包粟、御高粱、包菽、番菽、玉麥、包蘆、觀音粟、番豆、觀音豆等，原產美洲，大約在十六世紀初傳入中國。玉米傳入長江中游地區至遲在康熙初年。湖北省康熙八年（西元1669年）的《漢陽府志》，湖南省康熙二十四年（西元1685年）的《長沙府志》，康熙三十三年（西元1694年）的《永州府志》等地方志，都已有了「玉米」的記載。

自乾隆中期以後，玉米種植迅速推廣開來。自乾隆初年始，兩湖土地開墾的重心區域從濱湖低地轉向山區，玉米的推廣也開始轉入快速發展階段。特別是改土歸流[1]地區的推廣更為迅速。乾隆二十三年（西元1758年）的《沅州府志・物產》云：玉米「近時楚中遍藝之」，而改土歸流地區的「貧民率挈孥（qiènú）入居，墾山為

1 改土歸流是指改土司制為流官制。「土司」是朝廷任命少數民族首領充任的世襲地方官，「流官」指由中央政府委派的地方官。

隴，列植相望」。使得玉米逐漸成為長江中游地區兩湖西部、鄂北山區的主糧之一。

玉米傳華後不久，適逢中國清代人口超常規發展，它為解決長江中游地區乃至全國，特別是下層貧困人口的溫飽問題起到重大作用。

二、長江中游各地區食物結構的變化

隨著清代人口的迅速增加，甘藷、玉米及馬鈴薯的推廣種植，打破了本區居民食物結構中原來的糧食構成格局。從總體上講，除水稻仍占糧食主導地位，鄂北部分地區仍以麥糧為主外，雜糧構成已發生了明顯變化，即甘藷、玉米所占比例上升，傳統雜糧比重下降。

❶．鄂西北山區——玉米取代了粟穀

鄂西北山區的水田不過十之一二，旱地占絕對優勢，居民傳統糧食結構中主要有麥子、粟穀、蕎麥和稻穀。但自乾隆二十年（西元1755年）以後，隨著大批移民的到來，玉米迅速推廣，到道光時期，玉米已取代粟穀的地位，成為最主要的秋季作物。道光時嚴如熤在《三省邊防備覽》中談到「數十年前，山內秋收以粟穀為大莊」，但在玉米傳入後，因為「粟利不及包穀」，以致「遍山漫谷皆包穀」。同治《鄖陽府志》也說：「山家所恃以饔食者，麥也，蕎也，粟也，要以玉蜀黍為主」。

❷．鄂東北丘陵亞區——甘藷、玉米成為主要雜糧

本亞區（即栽培區劃和組織生產的單元）山地較多，也有不少面積不大的山間平地和河谷平原。東部黃安、麻城、羅田等地水稻種植較多，西部德安、安陸等地以麥子為主，雜糧主要為豆類、粟穀、蕎麥等。玉米、甘藷傳入之後，便取代傳統的雜糧而成為主要雜糧，東部以甘藷，西部以玉米較為重要。玉米、甘藷等雜糧是居民飲食中的常物，如《宮中檔乾隆朝奏摺》中講玉米嫩可煮食，老後可碾碎拌米作飯作粥作湯餅，隨州等地「力田之家藉佐米糧之不足」，宣統《黃安鄉土志》載：「薯為貧人半歲之食，多者百數十石」。

❸ · 江南丘陵亞區——甘藷成為當家雜糧

該亞區包括湘中丘崗盆地區、贛中丘崗盆地區和江南丘陵山地區幾小部分。

湘中丘崗盆地區與贛中丘崗盆地區的地貌、氣候就比較接近，兩區均以水稻種植為主，甘藷、小麥、豆類為輔。江南丘陵山地區的傳統糧食作物為水稻、豆類、麥子、粟穀、蕎麥等。玉米、甘藷傳入後，便取代了傳統的雜糧成為主要雜糧，其中甘藷為最主要的當家雜糧。

本區域糧食中水稻種得不少，旱糧也占有相當比重，特別是偏遠山區，薯類雜糧幾乎過半。如湖北同治《通山縣志》載：通山「民仰食者（指甘藷）十之五六」，道光《蒲圻縣志》載蒲圻「田家所食，惟薯芋」。湖南同治《酃縣志》亦載酃縣「山民多恃此（甘藷）」。江西同治《義寧縣志》亦載「一州之大數萬家，仰食薯蕷十之七」。

❹ · 鄂西南、湘西山地亞區——多以玉米為主

該亞區北部的鄂西南、湘西北山區，隨著改土歸流的推進，引進了漢族的先進生產技術，加快了經濟作物的開發，使原來以粟穀、麥子、蕎麥為主的糧食生產結構，轉變為以玉米、甘藷、馬鈴薯為主。如道光《建始縣志》載，施南府屬建始縣「民之所食者包穀也、羊芋也，次則蕨根，次則艾蒿，食米者十之一耳」，同治《來鳳縣志》載「半以包穀、甘藷、蕎麥為饔餐」，湖南同治《永順府志》載「宜種雜糧」而「無隔宿儲」，道光《永順府志》載：「山民皆以（甘藷）為糧」，乾隆《永順府志》亦載「包穀在雜糧中所產最廣」。居民食用糧食多以玉米為主，其次為甘藷、稻米、粟穀、蕎麥、馬鈴薯等。

該亞區南部湘西南山區居民糧食中稻米稍多，玉米、甘藷、蕎麥、粟穀等為輔。

三、辣椒傳入對飲食生活的影響

辣椒原產於美洲，明代後期（16世紀末）傳入中國。辣椒的引進和傳播對長江

中游地區飲食文化產生了深刻的影響，引起了一場飲食革命。辣椒增強了湘菜、鄂菜、贛菜的表現力，特別是使湘菜更具個性，富有衝擊力和霸氣，成為了湘菜之魂。

我國最早的辣椒記載，見於明高濂的《遵生八箋》（西元1591年），稱之為「番椒」。西元一六二一年刻版的《群芳譜・蔬譜》也有「辣椒」的記載。目前已知湖南地區最早出現辣椒記載的時間為清初，康熙二十三年（西元1684年）《寶慶府志》和《邵陽縣志》稱之為「海椒」。湖南關於「番椒」的稱呼較多，有辣椒、秦椒、茄椒、地胡椒，最有特色也最多的別稱是「辣子」。乾隆《楚南苗志》：「辣子，即『海椒』。」至嘉慶年間湖南的慈利、善化、長沙、湘潭、湘陰、寧鄉、攸縣、通道等七個縣也都種植了辣椒。使湖南成為全國辣椒種植範圍最大的一個省，因此湖南食用辣椒也非常普遍。

據地方志記載，辣椒傳入湖北、江西的時間大致是清乾隆年間。乾隆二十年（西元1755年）江西《建昌府志》：「椒茄，垂實枝間，有圓有銳如茄故稱椒茄，土人稱圓者為雞心椒，銳者為羊角椒。」此外，同治江西《南康府志》《南昌縣志》和湖北《房縣志》《咸寧縣志》等方志中都有辣椒的記載。說明十九世紀，江西湖北食辣開始普及。

辣椒傳入長江中游後，本地區的飲食風格發生了很大變化，均以嗜吃辣椒著稱。湖南地區食辣名聲在外，民間有「糠菜半年糧，海椒當衣裳」之說；湖北鄂西一帶食辣尤重，有「辣椒當鹽」之說。據清代末年《清稗類鈔》記載，「滇、黔、湘、蜀人嗜辛辣品」，「湘、鄂之人日二餐，喜辛辣品，雖食前方丈，珍錯滿前，無椒芥不下箸也，湯則多有之」。及至當今社會，人們常不無戲謔地說湖北人「不怕辣」，江西人是「辣不怕」，湖南人是「怕不辣」。長江中游地區居民嗜辣，與辣椒的特性及長江中游的氣候環境密切相關。長江中游地區冬季冷濕、日照少、霧氣大，辛香料本身有去濕祛寒的功能，這是辛香料（如花椒、薑等）在長江中游地區流行的環境因素。辣椒具有溫中下氣、開胃消食、散寒除濕的作用，因此辣椒在低溫潮濕地區對人們的健康是大有裨益的。乾隆《建昌縣志》載：「椒，……味辣治痰濕。」另外，辣椒含有辣椒素，能刺激唾液分泌，使人增進食慾。辣椒還可以促進人體血液循環，使人精力旺盛。辣椒的果實和莖枝還可以作藥用。據現代醫書《中醫手冊》和《藥物與方劑》記載：「它性熱、味辛。能溫中散寒，除濕殺蟲，激發健胃，抑菌止癢，可治風濕性關節炎、關節疼痛，扭傷或挫傷。」此外，還可以治寒滯腹痛、嘔吐瀉痢、消化不良等症。

四、李時珍《本草綱目》的食療養生思想

這一時期，長江中游地區誕生了一位偉大的人物——李時珍。

李時珍（西元1518-1593年），蘄州（今湖北省黃岡市蘄春縣蘄州鎮）人，中國古代偉大的醫學家、藥物學家。所著的《本草綱目》五十二卷，刊於一五九〇年。全書共190多萬字，載有藥物1892種，收集醫方11096個，繪製精美插圖1160幅，分為16部、60類。該書是作者在繼承和總結以前本草學成就的基礎上，結合作者長期學習、採訪所積累的大量藥學知識，經過實踐和鑽研，歷時數十年而編成的一部巨著。書中有許多條文，兼收並蓄了百家養生之奧訣，記載了大量養生內容，蘊含著深刻的食療與藥物養生思想。[1]

食療在我國起源很早，素有「藥食同源」之說。《黃帝內經》中提出「毒藥攻邪，五穀為養，五果為助，五畜為益，五菜為充，氣味合而服之，以補精益氣」的膳食配製原則。《本草綱目》收集的食療藥物十分廣博，把食物納入本草中。指出：「水為萬化之源，土為萬物之母。飲資於水，食資於土，飲食者，人之命脈也，而營衛賴之，故曰水去則營竭，穀去則衛亡。」[2]全書收載食用藥用水43種，穀物73種，蔬菜105種，果品127種及一些可供食療的藥物，至今仍為臨床和民間常用，如對血熱目赤病徵，採用清熱涼血的生地粳米粥治療，「睡起目赤腫起，良久如常者，

1　鄧小英：《〈本草綱目〉的養生思想研究》，《江西中醫學院學報》，2007年4月第19卷第2期，第19-20頁。

2　李時珍：《本草綱目》卷五《目錄》，人民衛生出版社，2004年。

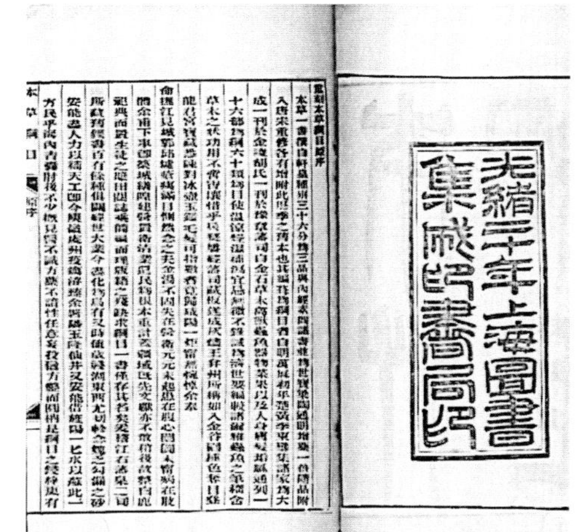

▸圖6-1　明代李時珍《本草綱目》，光緒二十二年（西元1896年）上海圖書集成印書局印

血熱也。臥則血歸於肝，故熱則目赤腫，良久血散，故如常也。用生地黃汁，浸粳米半升，曬乾，三浸三曬。每夜以米煮粥食一盞，數日即愈。有人病此，用之得效」[1]。

《本草綱目》的食療方中，體現了「同病異治」「異病同治」的辨證施膳思想，所載444種動物藥中，有許多可供食療使用。如對肝虛目赤病徵，採用補肝的食物治療，「青羊肝，薄切水浸，吞之極效」[2]；對老人腳氣等多種不同的病徵，採用補虛弱、益中氣的豬肚治療，「老人腳氣，豬肚一枚，洗淨切作片，以水洗，布絞乾，和蒜、椒、醬、醋五味，常食。亦治熱勞」[3]。

藥粥藥酒並重，食養盡之。藥粥是食療的一個重要組成部分，《本草綱目》中記載著常用的藥粥五六十種，這些藥粥對於疾病初癒，身體衰弱者是很好的調養劑，有的還能治療和輔助治療某些疾病。藥酒也是食療的一個重要組成部分，主要是使藥物之性，借酒的力量遍佈到全身各個部位。《本草綱目》中明確標明的藥酒有80種之多，這些藥酒中，有補虛作用的人參酒等24種；有治療風濕痺病的薏苡仁

1　李時珍：《本草綱目》卷十六《地黃》，人民衛生出版社，2004年。
2　李時珍：《本草綱目》卷五十《羊》，人民衛生出版社，2004年。
3　李時珍：《本草綱目》卷五十《豕》，人民衛生出版社，2004年。

酒等16種；有祛風作用的百靈藤酒等16種；有溫中散寒、治療心腹胃痛的蓼汁酒等24種。

為了使食療藥物的藥性發揮和保持食物的風味，李時珍在《本草綱目》中採用了鹽、蔥、薑、棗、薤等調味料和使用了煮、浸酒、粥食、煮成汁、搗成膏、搗作餅、上鹽作羹食等多種烹製方法，體現了「藥食同源」的思想，收到「食助藥力，藥助食威」的效果。

第三節　長江中游地區的飲食風俗及文化特徵

長江中游地區的傳統飲食風俗在清末已基本成型並展現出豐富而絢麗的風采。寄託了人們對美好生活的願望以及對先祖的勉懷。

一、歲時節令食俗及文化特徵

❶・元旦

今日的春節舊稱「元旦」，俗稱過年，是民間一年中最重大的節日。中國歷代元旦的日期並不一致：夏曆以寅月（今農曆1月）為正月，殷歷以丑月（今農曆12月）為正月，週曆以子月（今農曆11月）為正月，秦始皇統一六國後以建亥之月（夏曆10月）為歲首，但不改正月，漢朝初期沿用秦歷。漢武帝元封七年改用太初曆，以建寅之月為歲首。此後中國一直沿用夏曆（陰曆，又稱農曆）紀年。辛亥革命後，中國採用公曆紀年，以公曆元月一日為元旦，沿用至今。

正月初一從早上開始，親朋互相賀歲、賀元旦、拜年，這時一般要留客喝年酒，並在元旦期間相互請客宴飲，名曰「年節酒」。清光緒湖北《孝感縣志・風俗》云：「親朋互拜，至必款留，曰『拜年不空過』，疏親均拜，曰『拜年無大小』」。

拜年時多以餈粑為禮，餈粑是將糯米蒸熟，搗爛做成的圓餅（少數地區做成方形）。餈粑也叫年糕。「糕」諧音「高」，寓意「步步登高」。清光緒湖北《孝感縣志・風俗》云：「各持餈糕以為禮。語云：『拜年拜節，餈粑發裂。』」清道光湖北《黃安縣志》云：「各鄉則預以糯米搗爛為粑，厚七八分，徑尺許，方圓不一，伴以果餅，往來贈答。」漢口人拜年時除年糕外，還有湯圓、春餅等。葉調元《漢口竹枝詞》寫道：「新年春酒競相邀，轎子何嫌索價高。提盒天天來送禮，湯圓春餅與年糕」。

拜年客人進門後，主婦們先給每人送上一碗糖開水，內加紅棗、瓜仁、蓮子等，俗稱「元寶茶」。《漢口竹枝詞》云：「主客相逢吉語多，登堂無奈磕頭何。殷勤留坐端元寶，九碟寒肴一暖鍋。」注云：「正月飲酒用元寶杯，謂之『端元寶』。肴則九碟冷菜，中一暖鍋。」「元寶杯」是酒杯上繪有元寶或錢幣圖形，以示吉祥發財的杯子。後來人們也開始飲用「元寶茶」，一般取紅棗沿腰切口，四周嵌入瓜仁，沖白糖開水。考究一點的人家煮紅棗、蓮子、桂圓羹，也稱作「元寶茶」。民國四年（西元1915年）刊《漢口小志》云：「拜年客來，多留吃元寶茶，或擺果盒以侍。」果盒中裝有年糕、蜜棗、糖蓮子、柿餅、花生、瓜子等。各種果點多有吉祥美意：如年糕寓意「年年高」；棗子寓意「早生貴子」「早日高中」；柿諧音「事」，寓意「事事如意」；蓮子寓意「連生貴子」；花生寓意「花著生」。

一些地區元旦要飲屠蘇酒，如清光緒湖北《孝感縣志》云：「飲屠蘇酒，俗無藥味，止用椒柏酒。」程正萃按《歲華紀麗》云：「俗說屠蘇，乃草庵之名。昔有人居草庵之中，每歲除夜遺閭裡人一藥貼，令囊浸井中，至元日取水置酒尊，合家飲之，不病瘟疫。今人得其方而不知其人姓名，但曰屠蘇而已」。

喝「年酒」是拜年活動的重要組成部分。「年酒」是專為「新婿」「新客」以及其他特殊需要而專門設置的酒宴，其中又以為「新婿」所設的酒宴最為典型。如清同治湖南《巴陵縣志》云：「至過年臘，請新婿年飯；開正如回門禮，婿家必送各姻伯叔肉塊及岳之外家皆備。各家輪陪新婿，久有至一月者。歸時，岳家遍請諸陪飲家為復席，然後送歸。」清光緒湖南《興寧縣志》載：「寧俗，凡先年出閣新婦，至正月初吉，新郎同行反馬，岳家盛設廣座，招至賓友、姻黨，競相酬待，亦每致二三月。」席中新女婿受到格外禮遇，清光緒湖南《善化縣志》云：「獨鄉間接婿回門，稱為『新客』，親友鄰里招飲，輒以首坐相推，縉紳家仍當存高年、存齒讓之意。」

第三類為「團拜酒」，如江西分宜縣「合族拜年，交相酬答畢，集於衆祠，尊長上座，子姓房座，酌酒獻果酒，計十二杯，逢閏加一，名曰『團拜酒』，以表一年一圓，和氣之象」[1]。

拜年喝「年酒」的時間一般為正月初一至十五，多在正月初十以內，「年酒」中的食品也有一些講究。清道光湖北《黃安縣志》云：「客至，主人先以雞肉之類滿堆碗麵為敬，復煮酒設饌，謂之『拜年酒』。」[2]席中菜餚是各家盡其所能而製作的，葷素品種均有，多為雞、鴨、魚、肉、蔬菜之類。如同治《長陽縣志》云：「或十簋，或八簋，一火鍋，或五簋四盤，或四簋二盤不等。雞鴨魚肉而外，無他珍味。」[3]菜餚的數量與質量因家庭條件和來客身分而有所差別。所陳菜品，客人可盡情享用，只有一條全魚不能吃，稱之「看魚碗」，只能看，卻不能動筷子，寓意「年年有餘」。

❷・立春

立春是二十四節氣之一，又稱「打春」。自秦代以來，中國就以立春為春季的開始，是萬物復甦的時節，意味著「春種」的開始，是中國古代生產和生活都非常重要的節日。立春日，民間有吃春餅、生菜的傳統。早在隋唐五代時期，「立春」日就有食「春盤」的習俗，春盤由春餅、生菜等組成，餽贈親友，取迎新之意。春

1　丁世良、趙放：《中國地方志民俗資料彙編・華東卷（中）》，書目文獻出版社，1992年，第1074頁。
2　丁世良、趙放：《中國地方志民俗資料彙編・中南卷（上）》，書目文獻出版社，1990年，第354頁。
3　丁世良、趙放：《中國地方志民俗資料彙編・中南卷（上）》，書目文獻出版社，1990年，第426頁。

▸圖6-2　江西景德鎮明代青花束蓮盤（國家數字文化網全國文化信息資源共享工程主站）

盤多選蒿筍作配料。杜甫「春月春盤細生菜」即是指的這一食俗，現在春天食「春捲」的習俗即由此承襲下來。清光緒湖北《蘄州志》云：「『立春』之日，塑土牛、芒種於東門外元妙觀，州官率僚屬詣觀迎春，回署鞭春。禮畢，食春餅。」[1]清代本區一些地方還舉行宴飲活動。清同治《宜都縣志》云：「『立春』先一日，設筵於郊外。酒三巡，起迎芒種、土牛，遍歷街市，至縣廨（xiè），謂之『迎春』」。[2]立春時兩湖地區比較獨特的習俗是吃「春台席」。明嘉靖湖南《常德府志》也云：「（立春）人家近有以生菜作春盤，茹春餅，親友會飲，謂之『春台席』」。[3]為什麼叫「春台席」呢？因為立春這一天，人們聚親會友，郊遊踏青，選擇高處勝境，造席宴飲，以吃春餅、生菜為主，故稱。此俗源於古人的游春野宴。南朝梁宗懍《歲時記》載：「《老子》云：『眾人熙熙，如登春台』」。

❸．上元節

農曆正月十五是上元節，又稱元宵節、燈節，這是民間又一個隆重的節日。

上元節民間一般吃湯圓。湖南常德在上元節有飲「時湯」、以麵窩占卜一年中

1　丁世良、趙放：《中國地方志民俗資料彙編．中南卷（上）》，書目文獻出版社，1990年，第363頁。
2　丁世良、趙放：《中國地方志民俗資料彙編．中南卷（上）》，書目文獻出版社，1990年，第416頁。
3　丁世良、趙放：《中國地方志民俗資料彙編．中南卷（上）》，書目文獻出版社，1990年，第649頁。

水旱的習俗。上元節，「各家以椒為湯，入薺菜、糤果諸物，人至而飲之，謂之『時湯』。又作麵窩，如雞子大者十二，以象十二月，每窩標記某月，用甑蒸之，如炊飯然，久之取視水淺深有無，以稽某月之水旱，悉多有驗」。[1]

上元節的節日食品中，鄂北襄陽、棗陽、光化一帶有金盞、銀盞、鐵盞幾款特色品種，即以不同顏色的麵做成燈盞狀，並放上燈，在上元節的夜晚燃放。清同治《襄陽縣志》云：「『上元』夜，……和粟、麥、蕎麵作金盞、銀盞、鐵盞，燃燈遍地設照，以主燈卜家休咎，以月燈卜年豐歉，家堂社廟皆獻燈。」[2]米、麥麵為白色、粟麵為黃色、蕎麵為黑色，用這些不同顏色的原料可以調和製成黃色的金盞，白色的銀盞和黑色的鐵盞。民間在上元節遍地燃燈，主要是為了驅趕瘟疫，這種民俗極具地方特色。湖南零陵縣的元宵節更是盛大隆重。入冬即選擇子弟教習俗曲，待至元宵節時隨龍燈遠涉，拜親戚，聯家族，「演戲留款，多至五六十席，則費頗繁矣。」[3]

❹．春社節

每年農曆二月，民間有祭祀土地神的春祈活動，這一活動被稱為「春社」，預示著春耕大忙季節已經到來。春社節期間人們要做社飯，送社飯，還要舉行各類飲宴活動以準備春耕，有的地方還要齋戒一日，稱之為「社齋」。

長江中游地區春社節的飲宴活動顯得十分突出。湖北武昌縣是日「宴會一堂，宴罷繼以之博，儘快而散。」[4]清光緒《沔陽州志》曰：「『社日』，村民醵錢，建醮（jiào）賽會，事端聚飲，謂之『飲福酒』」[5]。

1 丁世良、趙放：《中國地方志民俗資料彙編・中南卷（上）》，書目文獻出版社，1990年，第649頁。
2 丁世良、趙放：《中國地方志民俗資料彙編・中南卷（上）》，書目文獻出版社，1990年，第458頁。
3 丁世良、趙放：《中國地方志民俗資料彙編・中南卷（上）》，書目文獻出版社，1990年，第580頁。
4 胡朴安：《中華全國風俗志・下篇》卷六，影印版，上海書店，1986年。
5 丁世良、趙放：《中國地方志民俗資料彙編・中南卷（上）》，書目文獻出版社，1990年，第403頁。

❺・清明節

清明節，又名鬼節、冥節、聰明節、踏青節。清明為二十四節氣之一，時間在農曆三月間。清明節的主要活動內容是祭祀亡人，供獻祭食，踏青和宴飲。

關於清明節的飲食活動，各地方志多有記述。民國四年（西元1915年）刊《漢口小志》云：「三日踏青，登洪山、伯牙台等處，自備肴酒，有攜至後湖青草處，姆（拇）戰以為樂者。婦女戴地菜花。又有以地菜煮雞蛋吃者，俗云不暈頭，又云可明目。」湖北公安縣在節日裡「亦有城市流寓之家，攜壺榼郊外席地而飲，謂之『踏青』」。[1]祭掃完祖墳之後，一般都要宴飲。清同治湖北《竹溪縣志》云：「清明日，男婦皆祭墳，設肴饌、酒醴：祭畢，即塋前席地食飲，謂之『朘（餕）餘』，亦寒食意也。」清道光湖南《永州府志》對「清明宴」有較詳細的記述：「子孫每年遇清明、寒食，先期具帖，至期祭首備牲及米餈等物，用鼓吹號炮至墓所，巫祝奠謝台土，有符籙疏表，子孫照在系點名，不到者有罰。祭畢，將米餈按名分給，不到者送之家，謂之『食老者胙』。其酒食、蔬菜皆輪值祭首備辦。老者燕畢，然後將祭祖之豕權之，不足者以他豕補之，或若干斤，皆有定規。於祭首中擇少壯者割而分之，列家長之名，每名該若干分唱名領給，老少男女皆與，謂之『祖命胙』。添丁、婚娶者額外加胙，子弟中有犯非禮者，輕者杖之，重者將祖命胙罰停，改悔復之，不悛革之，皆由老者公議。頒胙畢，各將所頒之胙烹之，或載他肴，復集家廟群飲，謂之『清明宴』，惟婦女不與。其酒食亦由祭首掌之，縱飲失儀者有罰」。

從這段關於「清明宴」的記述，我們看到當時人們一是敬重長者，清明節在飲食上給老者以特別優待；二是重男權，只有男性有資格參加宴會；三是對添丁、婚娶者「額外加胙」，這額外的安排可能是要告慰祖先，讓他們知道添丁進口；四是在祖先墳前懲戒不肖子孫，整頓門風已成為清明節的一項內容；五是在祖先靈位、墳墓之前只能有節制地飲與食，不可放縱；六是各家分頭做菜再集中食用，體現家族的凝聚力。

1　丁世良、趙放：《中國地方志民俗資料彙編・中南卷（上）》，書目文獻出版社，1990年，第405頁。

❻・浴佛節

農曆四月初八是浴佛節，民間傳說是日為佛祖釋迦牟尼的生日。此節有做烏飯相饋送、吃烏飯、和菜、宴飲等飲食文化活動。

烏飯，在長江中游地區的一些地方又稱青精飯、烏色飯。烏飯是用草木葉（多為南燭葉）煮汁或揉爛榨汁加水浸泡糯米，待糯米染黑後上籠屜蒸熟而成。清同治湖北《大治縣志》云，「四月八日，採南燭葉作青精飯供佛。」清康熙湖南《永州府志》云：四月八日，「造烏飯相饋送，謂之『青精飯』。杜詩云：『豈無青精飯，使我顏色好。』陶隱居《登真訣》有干石青精迅飯法，取草木葉煮汁，漬米炊之，又名『黑飯』，即烏飯也。鄭畋詩『圓明青迅飯』，飯色青而有光，食之資（滋）陽氣」。做、送、吃烏飯的飲食習俗多流行於南方。

❼・立夏節

立夏，二十四節氣之一，公曆五月五日或六日。立夏時節，萬物繁茂，是農作物重要的成長期。長江中游地區在這一時節有喝「插秧酒」「立夏茶」，吃「立夏羹」、嘗鮮等習俗。

當時正是插秧時節，農忙時多有親友相助，主人則陳酒肉酬謝。清同治湖北《鄖西縣志》云：「是日，農家始布穀，或具酒食招親故聽田歌，傳為『插秧酒』」。江西南昌有飲「立夏茶」的習俗。是時，「婦女聚七家茶相約歡飲，曰『立夏茶』，謂是日不飲茗則一夏苦晝眠也」。[1]江西樂平立夏日以赤小豆和米煮食，稱之為「立夏飯」。萍鄉、瑞州等地則有食「立夏羹」的傳統。

❽・端午節

每年農曆五月初五，是我國民間三大傳統節日之一的端午節，又稱端陽午、五月節。端午節各地節日氣氛十分濃郁。湖北民間多重此節，如清同治《房縣志》云：端午節，「以菰葉筍籜包糯米為粽，纏以五色絲麻，並葛巾、蒲扇、醃雞鴨卵

1　丁世良、趙放：《中國地方志民俗資料彙編・華東卷（上）》，書目文獻出版社，1992年，第1052頁。

互相饋遺」。清同治《長陽縣志》中講長陽稱五日過「天中節」，鄉間十五日為「大端午」，二十五日為「末端午」。「天中節」家家包角黍，曰「包粽子」，配醃蛋、果品、肉魚相遺，為「送端陽節」。堂中懸天師收五毒像，啖角黍，飲菖蒲、雄黃酒，曰「過端午」。過節時間之長（約半個月），氣氛之熱烈，僅次於春節。

湖南的情況也類似湖北。安仁縣於農曆五月「端午」，戶懸蒲艾，「用雄黃、硃砂、菖蒲合酒飲之，以其酒塗小兒額，剪羅為香囊佩之。午時，浴百草湯，炙以燈炷，謂『免疾厄』。以蒜汁灑地，避蠍蛇蟲蟻。戚友以蒲扇、角黍（即粽子）、雞豚相饋遺」。[1]湖南還有一種吃祖婆粽的風俗：由老年婦女主持，全體婦女參加，把男子排斥在外。首先用艾、菖蒲煮一鍋水，進行沐浴，清潔身體，然後請已婚婦女上樓包粽子。開始包粽子時婦女們必須站立，由主祭人包十二個，稱「背妹粽」，它由兩個枕頭大的粽粑合在一起，象徵祖婆，也像徵多子。接著包十二個角粽，這時婦女們才坐下，大家包粽子。他們不能說「粽子」，而稱「祖婆」，稱包粽子為「給祖婆穿衣」，煮粽子為「給祖婆燒水洗澡」，認為這樣婦女才能多生育。[2]

江西萍鄉過「端陽節」的情形，胡朴安有較詳細的記述：「蓋萍俗是日以麵包與角黍為要品，售包子、粽子之齋鋪，至五月朔方開市，且開籠之包粽較後出者為大，故小兒趕前往買。城內店户，鄉村居民，亦復爭先恐後，購之饋送親友。……是日售豬肉及魚者，利市三倍，轉瞬售罄。各家早膳時，將粽子、包子、醃蛋、大蒜各物置於桌上，合家大嚼。飲雄黃酒以解毒，懸菖蒲等於門前，並於屋角遍灑雄黃，謂能驅邪。或有備三牲酒餚，入廟敬佛，爆竹聲聲，極為熱鬧。」[3]綜合觀之，端午節實際上是一個健身強體、抗病消災節。古人認為陰曆五月是惡月，「陰陽爭，血氣散」，易得病，因而包括飲食在內的一些習俗均與抗病健身有關。如吃粽子、鹹蛋是為了補充營養，即抵禦即將到來的酷暑；喝雄黃、菖蒲酒、放艾草、吃蒜掛蒜等是為了避邪去怪；舉行龍舟比賽是為了健身等。

---

1 丁世良、趙放：《中國地方志民俗資料彙編・中南卷（上）》，書目文獻出版社，1990年，第514頁。
2 宋兆麟、李露之：《中國古代節日文化》，文物出版社，1991年，第90頁。
3 胡朴安：《中華全國風俗志・下編》，河北人民出版社，1988年，第96-296頁。

❾．試新節

農曆六月正值新穀登場，民間有煮新米嘗新的習俗。清嘉慶《長沙縣志》云：農曆六月六日，謂之「半年節」。是日，早稻可獲。民間選卯戌日（立秋前的第一個卯日）造新米飯，陳酒餚祀神畢，合家聚食，謂之「試新」。清同治湖南《攸縣志》云：六月早稻熟，「擇寅、卯、辰、巳日薦新，以龍、虎、蛇、兔不食穀也。肴用魚，以與餘音近；忌雞，以與飢音近也。」清光緒湖北《孝感縣志》云：「用魚不用雞，蓋魚音近餘，雞音嫌飢也。試新日，忌招賓。」清同治湖北《來鳳縣志》也云：「是月卯日嘗新，肴尚魚，曰『有餘』，忌雞，謂近於飢也」。試新例有兩次，第一次為農曆六月初小暑前後，第二次為農曆六月下旬大暑前後。試新選擇卯日逢收之時，卯屬兔，取兔收，透收之意。也有在是月逢卯吃新者，少數地區在寅、辰、巳、辛日試新。體現了中國飲食文化中，重天時、祈豐收、天人合一的農耕文化特徵。

❿．七夕節

七夕節，又名乞巧節、少女節、女兒節、雙七節、雙星節、香橋會、巧節會。除五代時期以七月六日為七夕節外，歷代均以七月七日為七夕。相傳農曆七月七日夜牛郎織女在天河相會，民間有婦女乞求智巧之事，故名。主要活動是家家陳瓜果食品，焚香於庭以祭祀牽牛、織女二星乞巧，食品內容各地不一。

清光緒湖北《孝感縣志》云：農曆七月七日，晚看巧云，「設瓜果，謂『吃巧』……重在夕，故曰『七夕』。」江夏縣在「七夕」，俗多食菱，曰「咬巧」。[1]湖北西北部的鄖縣、房縣等地，有生豆芽觀看是否「得巧」的習俗。清同治《鄖縣志》云：「『七夕』為牛女會銀河之期。前期，人家幼女用豌豆浸水中，令芽長數寸，以紅箋束之，名曰『巧芽』。至是夕，婦女幼稚焚香於庭，獻瓜果，禱天孫以『乞巧』。用瓷碗盛水，取芽投之，復於月光下照之，影如彩針、花瓣，或似魚龍遊戲，謂之『得巧』。」清同治《房縣志》也云：「七夕」，婦女為「乞巧會」。

1　丁世良、趙放：《中國地方志民俗資料彙編・中南卷（上）》，書目文獻出版社，1990年，第380頁。

「先以豆入竹筒生芽，長尺許。縛草為織女，描畫眉目，妝飾如生，祀以果瓜、香花，姊妹行嚴妝咒拜，置水於盆，捻豆芽映之，其影成花釵去朵者為得巧」。

清同治湖南《巴陵縣志》云：七月七日為牽牛織女聚會之夜。是夜「陳瓜果於庭中以『乞巧』，有喜子網於瓜上，則以為符應。」江西各地於「七夕」，婦女多作「乞巧會」，即婦女聚在一起，吃瓜果、米粉煎油搥等食品，觀看牽牛、織女之會。此俗別處不多見。

⓫．中元節

農曆七月十五日，是人們祭祀祖先、懷念亡靈孤魂的日子，民間稱之為「中元節」「鬼節」「盂蘭盆節」「七月半」。節日期間，家家戶戶製作各類「祭食」，一些地區還要大開筵席。

清同治湖北《崇陽縣志》云：七月十五日「中元節」。「先三日，家各列筵幾迎祖先，朝夕供飲饌，如事先禮。先一夕，焚楮錢送之，新亡者則先二夕。」清同治湖北《長陽縣志》云：十五為「中元節」。家家祭祖先，「鄉城屠戶皆宰大豬，家家肉魚、雞鴨、豆瓜之屬，概用四冰盤一品碗，祭畢而宴，謂之『過月半』」。

清同治江西《樂平縣志》云，「中元」，「以牲醴、羹飯，焚楮幣祀其先」。清同治江西《萍鄉縣志》講，「中元」先數日，「中庭設席迎祖先，朝夕具饌，謂之『下公婆飯』。至期，剪紙為衣，裹紙錢燒，謂之『送公婆衣』。新亡者，戚族多備肉果、楮衣薦之，謂之『送新衣』」。

⓬．中秋節

農曆八月十五是中秋節，又稱「八月節」「八節半」，又因這一天月亮滿圓，象徵團圓，故稱為「團圓節」，是中國民間又一個重要的傳統節日。民間有崇拜月神的習俗，是最原始信仰中的天體崇拜。被奉為月神的稱呼也不一樣，有月亮娘娘、太陰星君等，因此形成了一系列祭月活動。中國自周代即有祭月活動，綿延數代而不衰，到了宋代正式定為中秋節。節日期間，民間普遍有吃月餅和各種瓜果的風俗。

⓭・重陽節

農曆九月初九是重陽節，又名「老人節」。《易經》中定九為陽數，兩九相重，故為「重九」；日月並陽，兩陽相重，故名「重陽」。重陽節的雛形在先秦時期的楚國已經萌生，「重陽」之名也最早見載於《楚辭》。它可能起源於秋遊去災風俗，後來演變為九月九日登高活動。南朝梁吳均《續齊諧記・九日登高》記載：東漢時汝南人桓景拜仙人費長房為師。費長房曾對桓景說，某年九月九日有大災，家人縫囊盛茱萸繫於臂上，登山飲菊花酒，此禍可消。桓景如言照辦，舉家登山。夕還，見雞犬牛羊都暴死，全家人平安無事。此後，人們每到九月九日便登高、野宴、佩戴茱萸、飲菊花酒，以求免禍呈祥。歷代相沿，遂成風俗。故，重陽節又叫「登高節」。由於九月初九的「九九」諧音「久久」，有長久之意；所以常在此日祭祖與開展敬老活動。

湖北同治《來風縣志》載：「『重陽』，攜酒登高。搗米粉為糕，曰『重陽糕』，采茱萸蓄之。以十九日為『大重陽』。」湖南耒陽民間「重九日」造酒，稱之為「重陽酒」。澧州民間在「重陽」之日，士大夫攜酒登高，各家采蓼及菊葉為曲，釀秫和蘆稷為酒，以備終年祭祀、賓客之用；釀糯秫米酒，熬而藏之，作為養老之需，統稱「菊花酒」，也叫「萬年春」。[1]江西樂平民間於「重陽」之時，士人登高燕賞，以茱萸泛酒飲之。各家製糕相餽贈。

⓮・寒衣節

農曆十月初一為寒衣節。這是一個以食祭祀祖先，並為祖先亡靈送寒衣的民間節日。

湖北乾隆《東湖縣志》載：十月朔日，掃墓奠祭，如「清明」禮，且燒化紙服，謂之「送寒衣」。湖南沅陵民間於十月朔日剪紙為衣，具酒饌奠於祖塋，稱之為「送寒衣」。江西同治《新城縣志》云：「十月一日，謂之『下元』。人家掃墳如『清

1　丁世良、趙放：《中國地方志民俗資料彙編・華東卷（上）》，書目文獻出版社，1992年，第1136頁。

明』。以彩紙作衣，如生人服焚之，謂之『送寒衣』」。

⑮．冬至節

農曆十一月陽曆在十二月二十二日至二十三日之間，民間普遍要過「冬至節」。節日期間，民間有祭祖、宴飲、醃製魚肉的習俗。如湖北同治《鄖縣志》云：「冬至日」農事已畢。「家家設酒饌供祖先：紳士家必聚族於祠堂中，虔祭祖先，悉尊《家禮》儀節。」湖南寧遠「是日（冬至日）多割雞宰豬，將肉陰乾，謂之『冬至肉』，味甚香美」。[1]確實，從「冬至」開始醃製的雞、鴨、魚、肉不僅不易變質，而且醃製風味十分突出，本區民間此俗極濃。此時所醃肉品，往往要供來年大半年甚至一年之需，如果灑上酒，入陶瓷團中密封儲藏，有的可達數年不壞，香味更濃。

⑯．臘八節

臘八節又名「成道節」。時間為農曆十二月八日。中國遠古時期，「臘」本是一種祭禮。人們常在冬月將盡時，用獵獲的禽獸舉行祭祀活動。古代「獵」字與「臘」字相通，「臘祭」即「獵祭」，故將每年終了的十二月稱作「臘月」。自從佛教傳入後，臘八節才確立了節日的具體時間，摻入了吃「臘八粥」的內容。這一天寺院要作佛會，熬粥供佛或施粥於貧者；在民間也有人家做臘八粥，或閤家聚食，或祀先供佛，或分贈親友。臘八粥一般用各種米、豆、果品等一起熬製而成。

臘月各地要造「臘米」「臘酒」「臘醋」，貯存「臘水」。如清光緒湖北《孝感縣志》云：「十二月內以食米炒熟，著少許綠豆貯之，曰『臘米』，至夏秋間，凡病不宜飲食者，煎湯食之良愈。又注清水於壇，曰『臘水』，也能治熱病，下雪時亦貯雪水。又以『重陽』所造酒至是日取其醇者貯之，曰『臘酒』，至夏間色琥珀、味密（蜜）脾矣」。

1 胡朴安：《中華全國風俗志．下編》，河北人民出版社，1988年，第96-296頁。

⓱・送灶節

農曆十二月二十四日前後，民間有祭祀灶神的風俗，不少地區以臘月二十四日前後為小年，因此「送灶節」又稱灶神節、灶王節、小年節等。送灶基本上是男子的權利，有「男子不拜月，女子不祭灶」之諺，由於祭灶首要急務是祈求五穀豐登。

對祭灶的習慣，史志多有記載。如清同治湖北《鄖縣志》載：十二月二十三日，「祀灶」以「雄雞，獻灶糖，以糖作餅，果品、時物供奉具備；……亦有二十四日『祀社』者。」監利「二十四日為『小除夕』，俗謂之『小年』。掃屋塵，換爐灰，具酒果，祀灶神」。[1]灶糖，又稱腦牙糖，用麥芽熬製而成，黏性很強。《荊楚歲時記》載：「元日食膠牙糖，取膠固之義。」祭灶必用這種黏性很強的糖，為的是叫灶神吃了它黏住嘴，上天不說這家人的壞話。

⓲・除夕

除夕，又稱「大年三十」。是日，民間家家戶戶要吃「團年飯」，又稱「年飯」「宿歲飯」。並要備足春節期間的食品，謂之備「隔年陳」，以示歲有積余，食物豐足。

「年飯」是一年中最重要的一餐飯，各家飯菜不僅要儘可能地豐盛，而且全家老少都得參加。清光緒湖北《京山縣志》載：「『除日』，具牲醴，祀家神、祖考於中堂，曰『送年』。換桃符，貼春聯，接司命。向家長拜慶，謂之『辭年』。飯蒸數日之炊，曰『宿歲飯』。儲水令足新年數日之用。」清同治《長陽縣志》講：「除日」，「以豬首、四蹄並尾像全牲，雞一、魚一，祭祖先。畢，徹去，肆解豬首肉二簋，蹄尾二簋，雞魚各菜共十簋，男女老小共一席，不拘人數，謂之『團年』。合門歡喜，不說苦愁。其肉食惠及貓犬，花果、樹木澆以肉湯，云『不生蟲』」。

清嘉慶湖南《長沙縣志》云，「除夕」，家人宴會，謂之「團年」。對食品也有

1　胡朴安：《中華全國風俗志・下編》，河北人民出版社，1988年，第324-325頁。

所選擇，「團年」一定要有魚菜，因為魚音餘之故，「又有用芋及魚，謂之『裕餘酒』」。

縱觀長江中游地區的歲時節令食俗，可以總結出以下的文化特徵：

❶．多元融合

多元融合首先體現為參加者人數眾多，涉及社會各階層。每逢年節，無論城鄉、官民、貧富、老少都要進行各式各樣的飲食文化活動。其次體現在文化活動的多種社會功能上，這些民俗活動，承載了農事、娛樂、飲食、交際、信仰等多種功能。第三體現在各種文化的相互交融上。年節飲食文化中融入了農耕文化、原始宗教文化、佛教文化和道教文化等，令節日飲食文化變得豐富多彩。

❷．崇祖敬老

在對自然界認識有限的古代，人們對大自然極易產生敬畏，虔信萬物有靈。為獲得生產與生活的穩定，逐漸形成與大自然對話，以求護佑的祭祀定製。而祖先及老人掌握著豐富的生產生活經驗，每逢年節，人們特意烹製專門的美味佳餚，以示對祖先神靈的虔誠祭祀，以及對現存長者的恭敬。

❸．追求願景

人們在節日中的飲食文化活動，無不體現出民間百姓追求美好願景的理想。例如過年要吃年糕，寓年年高，吃魚，寓年年有餘；正月十五吃元宵，象徵團圓美滿；端午節吃粽子、鹹蛋以強身、求子；中秋節吃月餅寓示團圓，「摸秋送瓜」以求子；灶王節供灶糖為的是讓灶王爺不講人間壞話，以求來年風調雨順；除夕吃團年飯以示一家人團圓、幸福美滿。

❹．豐富而系統的民俗鏈條

長江中游地區年節的飲食帶有濃郁的地方色彩，體現了楚地深厚的文化底蘊。這些民俗活動從春到冬豐富而系統從不間斷，形成了一個環環相接的民俗鏈條，如春節（元旦）喝「元寶茶」，吃豆絲、魚圓、「隔年飯」，喝雞湯；浴佛節吃烏飯；端午節食蒜泥、鱔魚、祖婆粽；試新節「逢卯吃新」，吃「麻雀頭」「鵝頸」「藕圓」；中元節吃「高裝」；送灶節吃「口數粥」；除夕製作「留歲飯」等。此外，春節期間岳家各戶延請「新客」（新女婿）喝酒達一月左右；兩湖地區立春時吃「春台席」；湖南永州地區數以千計人同食的「清明宴」；江西廣昌地區於「乞巧會」第二天飲「巧水」；中秋節的「摸秋、送瓜」等習俗高潮不斷，異彩紛呈。

❺．社會功能顯著

傳統節日有著顯著的社會功能，人們通過宴飲以及一系列節日活動，可以加強親族間的聯繫、調節人際關係；整合社群及社會集團的意識，使部族團結一致，提高生存競爭能力；調節和改善飲食生活；提供社交和擇偶機會；促進商品經濟的發展；不斷改進菜品製作質量等。[1]

◂圖6-3　江西景德鎮明代青花纏枝蓮紋杯（國家數字文化網全國文化信息資源共享工程主站）

1　陳光新：《中國飲食民俗初探》，《春華秋實：陳廣新教授烹飪論文集》，武漢測繪科技大學出版社，1999年，第270-283頁。

二、居家日常飲食與宴客風俗

（一）居家日常食俗

❶．以素為主，喜食辣椒

長江中游地區居民食糧有稻米、小麥、玉米、甘藷、高粱、粟米、蕎麥、豆類等。大部分地區以稻米為主糧。平日所食菜餚以四時菜蔬為主，多輔以豆腐、魚蝦，口味上喜辛辣。

居民日常飲食，方志、風俗類書多有載述。如清光緒湖南《永興縣志》講：「食以稻為主，炊飯釀酒皆用之。夏秋，包穀紅薯，耕山者用以承乏。歲歉，常掘蕨根為粉。」清道光湖南《衡山縣志》曰：居民飲食為飲茶、餐膾魚、食黏米飯、喝糯米酒。人們多不甚食麵，城裡的麵店不過數家。高粱、黍穀、包穀、稷穀、紅薯、芋子等雜糧只有山裡居民常食，其餘皆吃稻米飯。概言之，城邑居民、水田較多的地區，家境較好者主食以稻米為主，山區居民多以雜糧為主食。而居民日常食用的菜餚以蔬菜、豆及豆製品為主，輔以魚蝦、豬肉（多為醃製品）、雞鴨等。

地處山區的居民多喜食辣椒。如清同治湖北《來鳳縣志》云：「邑人每食不去辣子，蓋從岩幽谷中，水泉冷洌，非辛熱不足以溫胃和脾也。」清光緒湖南《龍山縣志》也云：「土人於五味，喜食辛蔬。茹中有茄椒一種，俗稱辣椒，每食不徹此物。蓋從岩邃谷間，水泉冷洌，嵐瘴郁蒸，非辛味不足以溫胃健脾，故群然資之。」江西萍鄉人也嗜好辣椒，當時辣椒有黃椒、青椒、朝天椒、燈籠椒等，《清稗類鈔》中寫道：「食品中常用以調味，而在萍地則以為日常必須之食品，常年四季，無日缺亡，無論何種蔬菜，咸需和以辣椒。例如魚一頭重量一斤，而烹時至少和半斤辣椒，否則不能下箸。故萍地購椒至少幾斤，其嗜椒如此！」

❷．一日三餐或兩頓

長江中游地區居民的餐制至清代，鄉村居民多為一日三餐，城市居民多為一日二餐，或二餐一夜宵，也有日食三餐的。

清人徐珂稱「湘鄂人日二餐」，這話過於籠統，其實各地情況並不完全相同。如湖北長陽「城市日兩餐」「四鄉俱三餐」；漢口為兩餐一夜宵，第一餐在上午十點鐘左右，曰早飯，下午四點左右吃中飯，晚上宵夜。

湖南興寧縣居民「東、西、北路日三食，在城日或二食，惟南路多兩粥一飯，殷實家亦然」。[1]衡縣居民「日食不過二頓」[2]。永綏地區居民「城市日朝夕兩餐，鄉村力作，使用午飯」。[3]江西餘干縣居民「飲食之時，日飯三」[4]。會昌縣居民「會邑土俗日惟三餐」[5]。

3·喜好飲茶

長江中游地區居民飲酒多在節日、款客、婚喪壽祭等宴會時為之，相對飲酒而言，飲茶更具日常性。

清代嘉慶道光年間，湖北漢口茶樓繁盛，後湖為最，有白樓、湧金泉、第五泉、湖心亭等數十家。

湖南人也喜歡飲茶，以擂茶為特色，各地做法不同，如清光緒《永興縣志》云：「婦女臨午飲茶，或用茶葉合油煮之，謂之『油茶』：或用碎米合油煮之，謂之『擂茶』。」[6]益陽縣居民「俗飲煎茱，取資安化，亦有家園茶。另有擂茶，取茶葉雜以脂麻為薑，用缽有齒如臼杵，融而調食之。每日必須，款客亦以為敬，或設果碟、點心之類，兼以漱茶、玩茶，年節及婚嫁尤盛」。[7]

除了愛飲茶外，長江中游有些地區還有喫茶的習俗。《清稗類鈔》云：「湘人

---

1 丁世良、趙放：《中國地方志民俗資料彙編·中南卷（上）》，書目文獻出版社，1990年，第525頁。
2 丁世良、趙放：《中國地方志民俗資料彙編·中南卷（上）》，書目文獻出版社，1990年，第551頁。
3 丁世良、趙放：《中國地方志民俗資料彙編·中南卷（上）》，書目文獻出版社，1990年，第636頁。
4 丁世良、趙放：《中國地方志民俗資料彙編·中南卷（中）》，書目文獻出版社，1990年，第1097頁。
5 丁世良、趙放：《中國地方志民俗資料彙編·中南卷（中）》，書目文獻出版社，1990年，第1170頁。
6 丁世良、趙放：《中國地方志民俗資料彙編·中南卷（中）》，書目文獻出版社，1990年，第518頁。
7 丁世良、趙放：《中國地方志民俗資料彙編·中南卷（中）》，書目文獻出版社，1990年，第675頁。

於茶，不惟飲其汁，輒並茶葉而咀嚼之。人家有客至，必烹茶。若就壺斟之以奉客，為不敬。客去，啓茶碗之蓋，中無所有，蓋茶葉已入腹矣。」胡朴安《中華全國風俗志》「下編」載：萍人「其敬客皆進以新泡之茶。飲畢，復並茶葉嚼食」。

（二）宴客風俗

❶ · 宴客奢靡之風日盛

長江中游地區的傳統宴客風俗很純樸，既熱情待客，盡其所能呈獻佳餚，又較儉樸，注重實際。大約到明成化以後，這種風氣在一些地方開始轉變。嘉靖《茶陵州志》：明初「燕會八簋」，成化以後，「一席之費，甚至數十」。但大部分地區的儉樸之風基本上沿襲到十九世紀初，即乾隆、嘉慶年間。自十九世紀中葉始，奢侈之風漸起，傳統習俗受到很大沖擊，宴客風俗也隨之發生變化。如湖北咸寧，清光緒《咸寧縣志》云：「其宴客之具，數十年前不過魚肉，今則海物惟錯，率以為常。」湖南長沙，《清稗類鈔》云：「嘉慶時，長沙人宴客，用四冰盤兩碗，已稱極腆，惟婚嫁則用十碗蟶干席。道光甲申、乙酉間，改海參席；戊子、己丑間，加四小碗，果菜十二盤，如古所謂餖飣（dòudīng）者，雖宴常客，亦用之矣。後更改用魚翅席，小碗八，盤十六，無冰盤矣。咸豐朝，更有用燕窩席者，三湯四割，較官饌尤精腆；春酌設彩觴宴客，席更豐，一日糜費，率二十萬錢，不為侈也。」江西會昌，清同治《會昌縣志》云：「客至，肴饌不必精美，若無酒以供，或食之饘粥，人輒以為慢客。吉事款賓，豪華之家純用美品。喪事，在城者待客用葷席，如延僧修佛事則獨用蔬菜。湘鄉惟富家用葷，貧家葷素參半，承鄉則一體素席而已。總之，昔之飲食多儉，今之飲食多奢，以父老傳聞及少壯所見，日還月異，風氣大相逕庭矣」。

長江中游地區的宴客風俗大體以清道光（西元1821-1850年）年間為分水嶺，之前，傳統宴客習俗占主導地位，款待客人，食品數量在六至十款之間，並以十款為豐盛，食品內容以雞、鴨、魚、豬肉、時令蔬菜為主，極少有海味。清道光之後，奢侈之風逐漸盛行，由大城市而小城市再鄉村，由官宦人家而殷實之家再平民之家，款待客人的食品數量不斷增加，豐盛的在20款左右，席中已有不少諸如海參、蟶乾、魷魚，乃至魚翅、燕窩等山珍海味。

❷．幾種獨特的宴客習俗

（1）湖北西部山區巴東、長陽等地以吃「拳肉」「過橋肉」，咂酒為敬。如清宣統《湖北通志》云：「（巴東）宴會大率如外鄉，惟後裡人客至則殺豬，開酒罈泡之，以為敬。蓋以糟連酒貯壇，飲時泡以沸湯，插筒其中，主賓遞吸之也。豚肘至膝以上全獻，謂之『腳寶』，特以奉尊客。切肉方三寸許，謂之『拳肉』」。

清同治《長陽縣志》云：（長陽）縣西寧鄉，界連容美、巴東，宴會以吃咂抹罈酒（咂酒）為敬。

咂酒這一風習在湘鄂西部的其他地區如來鳳、龍山等地也有，而中國東部、北部則不尚此風。

（2）湖南長沙、湘潭、巴陵等地有魚來客退的風俗。清嘉慶《長沙縣志》《湘潭縣志》與清同治《巴陵縣志》等地方志均引《風土記》云：「湖湘間賓客宴集，供魚清羹，則眾皆退。」並形成了「魚到酒止」的諺語。且解釋說，這是因為該地區魚多，「歲時宴集，主人欲以魚奉客，則眾客隨起而止之，蓋取有餘不盡之意」的緣故。「魚到酒止」風俗與舊時許多地區流行的「端茶送客」之俗有近似之處。

（3）湘鄂一些地區有以油茶待客的風俗。油茶非同一般，它是用茶葉加油煮製，再加油炸黃豆、包穀、米花、芝麻等物泡製而成。如湖北來鳳「土人以油炸黃豆、包穀、米花、豆乳、芝麻、綠焦諸物，取水和油煮茶葉作湯泡之，餉客致敬，名曰『油茶』」[1]。湖南永興居民「用茶葉合油煮之，謂之『油茶』；或用碎米合油煮之，謂之『擂茶』。女客至，或煎大糍，花糍，或炒凍米和油茶款之，謂之『茶會』」[2]。

1　丁世良、趙放：《中國地方志民俗資料彙編・中南卷（上）》，書目文獻出版社，1990年，第448頁。

2　丁世良、趙放：《中國地方志民俗資料彙編・中南卷（上）》，書目文獻出版社，1990年，第518頁。

（4）清道光以前，湖南麻陽有饋銀酬席的習俗。如若家中有慶吊之事，親戚朋友不送禮物，但均以銀相饋，所送銀兩在一錢至七錢之間，主人則根據送銀多少安排客人的菜品數量。《清稗類鈔》中記：「赴飲者眾賓雜坐。送一錢者僅食肴一簋，甫畢，堂隅即鳴金，曰：『一錢之客請退。』於是紛紛而退者若干人。至第二簋畢，又鳴金，曰：『二錢之客請退。』又紛紛而退者若干人。例饋五錢者完席，七錢者加品。至五簋已畢，雖不鳴金，而在座者亦寥寥矣」。

三、人生禮儀食俗

（一）生育食俗

❶．孕期食俗

婦女懷孕，民間俗稱「有喜」，被認為是家庭中的一件大喜事。婦女產前，娘家要送催生禮，如活雞等食物。湖南沅陵縣民間「女既嫁有妊矣，將產，於前月，母以食物饋之，曰『催生』。」[1]江西樂平縣民間「外家先於將誕時饋活雞、圍裙、墊席等物，謂之『催胎』」。[2]

❷．產後食俗

婦女生育之後，隨著嬰兒的呱呱墜地，一系列的誕生禮儀便正式開始了。這些禮儀大都含有為孩子祝福的意義。長江中游地區一般最常見的有「三朝」「滿月」和「抓周」等，產婦的飲食也有一番講究。

小孩出生三天，用溫水給小兒洗澡，宴客，名曰「洗三朝」「洗三」或「三朝」。小孩出生後，女婿帶著酒肉告知岳母家名曰「報喜」。過三五天，岳母家前來賀喜，帶著雞米、襁褓等物相送，稱之「三朝」「做三朝」或「謝三朝」。滿月和週歲時，

1　丁世良、趙放：《中國地方志民俗資料彙編・中南卷（上）》，書目文獻出版社，1990年，第609頁。
2　丁世良、趙放：《中國地方志民俗資料彙編・華東卷（中）》，書目文獻出版社，1992年，第1063頁。

要開筵席、下請帖，敦請岳母親家前來赴宴。來客均帶禮物表示祝賀。週歲時，具晬（zuì）盤，擺上筆墨、戈印、金錢等物品於小兒前，視其所取以判斷其未來前程，稱之「拈周」。[1]

（二）婚事食俗

婚姻大禮的過程，長江中游地區一般是從納采起，至新娘回門止。婚姻是人生中的一件大事，因此，人們對此格外重視，飲食上也有一些特別的講究。

❶．聘禮禮俗

古人婚姻一由父母之命、媒妁之言。先經媒人說合，男方提親，如果男女雙方都同意這門親事，則定盟（或稱定親）。定盟之日，男方要帶一些禮物到女方家裡，稱之為「行聘」。此後，男方逢年過節均要到女方家送禮。男女成人，男方要到女方求婚，如果女家同意，則擇日具盛服送期帖，稱「報期」。臨近婚期，行納徵禮，婚禮算是正式開始了。

行聘所用物品各地稍有差異。如湖南零陵的聘禮分為初聘（相當於「定親」）和申聘（相當於婚前的「納徵」）兩次。初聘用雞、肉、酒、豚及首飾等物；而後，以隻雞送媒人，謂之「開口雞」，又一次和媒人一道去女家「過禮」，此次為申聘，用雞、鵝（上者六雞四鵝，次者四雞二鵝）、豚（上者四隻，每隻重七十斤，次者二隻，重半）、折酒錢（多者四十緡，少或三十二、二十四）、冠飾衣帛等物。[2]湖南永州地區在「定親」時，要送肉果、雞鵝及「禮餅」（重者十餘斤，輕者八九斤）等給女家，還要備雞、肉、魚、果等構成的「羊禮」，或僅肉果等構成的「雞鴨禮」，分送與女之伯叔父母及外翁、姨舅、姑姊。「報日」之時要用雞、鵝、魚、肉等，加上緡錢四十、三十、二十不等到女家去「過大禮」。婚期前一天，男家要備花粉、

1　丁世良、趙放：《中國地方志民俗資料彙編．華東卷（中）》，書目文獻出版社，1992年，第1130頁。

2　丁世良、趙放：《中國地方志民俗資料彙編．中南卷（上）》，書目文獻出版社，1990年，第576頁。

▸圖6-4　江西景德鎮明代青花海獸高足杯（國家數字文化網全國文化信息資源共享工程主站）

茶果等送至女家。[1]

聘禮（一般認為包含「定盟」和「納徵」二禮）中除服飾、釵鐶、酒肉之外，茶葉是一些地區必備的。如民國《漢口小志》云：「俗謂納采為『行茶』，果品雖備，必主以茶鹽，而名之曰『山茗海沙』。」[2]清同治江西《都昌縣志》云：「行聘必以茶葉，曰『下茶』。」可見茶是婚姻的重要聘物。用茶葉作聘禮的原因，宋人《品茶錄》解釋為：「種茶樹下必生子，苦移植則不復生子，故俗聘婦必以茶為禮，義固可取。」由此看來，行聘用茶，並非取其經濟的或實用的價值，而是暗寓婚約一經締結，便鐵定不移，絕無反悔，這是男家對女家的希望，也是女家應盡的義務。

❷．冠笄（jī）禮食俗

古代男子二十歲行冠禮，女子十五六歲行笄禮，是表示孩子已長大，可享受成年人權利。長江中游地區在清末，加冠、加笄二禮多移至婚禮親迎前夕，富戶多在前三日，貧者則在前一日。是時，男家請尊長為加冠者起字、號，書懸於壁，親友醵金來賀，加冠之家宴請賓客；女家請族戚有德行婦人給加笄者修額，用細絲線絞除面部汗毛，洗臉沐發，挽髻加簪，然後拜祖先和父母，聆聽父母教誨，並要開陪

1　丁世良、趙放：《中國地方志民俗資料彙編．中南卷（上）》，書目文獻出版社，1990年，第560頁。
2　丁世良、趙放：《中國地方志民俗資料彙編．中南卷（上）》，書目文獻出版社，1990年，第319頁。

嫁筵席。

長江中游地區曾有將冠、笄二禮納入婚禮範疇之中的風俗。如宣統《湖北通志》載：湖北光化民間「禮行於婚前一日，戚友走賀設宴。是夕，請童子十人相儀，名『陪郎』，張筵作樂，為婚者加冠。陪郎導之，拜先祖及父母親、長輩，來輔左右，揖讓升堂，醮子入席，婚者首坐，陪郎以次序坐。……女家亦於是夕行笄禮，請童女十人相儀，筵宴不傳花」。

❸．結婚三日食俗

結婚三日指結婚當天、第二天和第三天，即婚事活動最多的三天。與飲食有關的活動主要有：女家的「送親」筵席，男家的婚筵、交杯酒、鬧房茶、陪新人酒、行水茶等。現擇要介紹幾地結婚食俗：

湖北長陽縣迎親那一天，婿家具彩轎、儀仗、鼓樂，抱家雁，前往女家「取親」。女家設筵席款待女婿、媒人及來賓。然後擇時「發親」。到男家後，新姑娘（當時對新娘的稱呼）與新郎並立，合拜祖先，然後入房合巹（jǐn），曰「吃交杯酒」。新人入房後，主人請客人入座喝茶，新郎分次請客人看新房，客人稍坐即出，無鬧房惡習。接著就是主人置辦筵席款待男女兩家客人，稱之為「吃下馬飯」。

第二天黎明，新郎和新婦一起拜祖宗、舅姑，三親六黨，稱「見大小」。答拜者要送銀釵、鐲圈、銀錢等，曰「拜錢」。是日，舅姑賜新婦席，稱「陪新姑娘」；其送親內外俱有席，曰「陪來親」；媒妁也有席，曰「謝媒」。

第三天，新婦要「下廚房」一試手藝，並以母家所備茶果分獻尊長及各位親戚，次第相傳，曰「傳茶」。然後新郎陪新婦回娘家，曰「回門」。[1]

關於江西吉安、萍鄉、永新、秦和等西部地區的婚禮食俗，馬之驌所著《中國的婚俗》一書有所載述。這部著作雖出版於當代，但所載內容多為傳統習俗。書中

1　丁世良、趙放：《中國地方志民俗資料彙編．中南卷（上）》，書目文獻出版社，1990年，第423-424頁。

對當地婚禮中飲「交杯酒」「三朝下廚」「萍鄉戲媒公」等食俗記之甚詳。

當地飲「交杯酒」的風俗是：拜過天地後，新郎新娘飲「交杯酒」，飲交杯酒必須在新房裡舉行，所以禮成之後，兒童們一擁而入，爭向新娘要「子孫果」。此前新娘必從娘家帶來很多花生、栗子、豆子、瓜子、橘子等各種果品，俗稱「子孫果」。由牽娘把這些果子取出放在床上，兒童們爭先搶奪、搶得越多越好，預祝新人多生子女。此俗有唐代撒喜果之遺風。

中國傳統社會是以園藝式農業為基礎的宗法制社會，人皆以為「多子多福」「早生兒早得濟」，早婚早育成為傳統。婚禮中使用花生、栗子、棗子、豆子、瓜子、橘子、桂圓、百果即體現了人們的這種心態。人們利用這些食物的名稱諧音或生物特性等賦予其一定的象徵意義，如栗子寓立子；棗子、栗子合用寓早生子；棗子、栗子、桂圓合用寓早生貴子；花生寓既生男也生女；瓜因有結籽多、藤蔓綿長的特點，後人多以瓜、瓜子寓世代綿長，子孫萬代；因橘與「吉」字音相近，民間諧音取義、以橘喻吉祥嘉瑞。

（三）壽慶食俗

長江中游地區的孩子在十歲、二十歲時由父母主持做生日；三十、四十歲一般為過渡年齡，既不做生日也不做壽；五十歲開始做壽，此後每十年做壽一次。由子孫操辦，親戚朋友要前去慶賀，並要吃壽宴。

湖南嘉禾縣女婿為岳父母做壽稱「做一」，即岳父母年屆六十一、七十一、八十一時，女婿為之做壽。慈利縣做壽的習慣是「人自五十以往，每下年但衣食給者，無問男女，照例舉生日觴，獻壽物」。賓客為壽者慶賀之後要飲壽酒。

（四）喪事食俗

古代家中有喪事，飲食多有一些禮儀上的齋戒要求。到清末，古代早期一些嚴格的齋戒禮儀雖漸至簡約，但仍有戒葷食素的習俗。而奔喪的賓客往往較少受限制，喪席中不僅有肉，有的還有酒。各地喪事食俗有相當大的差異，現選擇幾地較有代表性的喪事食俗分述之。

湖北蘄州明代喪俗，嘉靖《蘄州志》記：殯葬前數日，「盛張酒具招賓宴飲，侑以鼓樂。」清代房縣民間父母喪，「七七日，不飲酒，不茹葷（葷），不出門，……舉家皆莊嚴致齋」[1]。長陽縣民間遇喪後訃告親友，而親友則攜豬羊設盛饌等前去弔喪。有的喪家在下葬後還要建道場，「做齋」。這時親友也來資助袱錢、箱頁、齋菜等物。[2]咸寧縣的喪俗是「臨葬，（親戚朋友）賻儀相助，（喪主）必盛饌宴客，否則訕笑」[3]。清同治《安陸縣志補》對當地居喪飲食之變則大發感慨：「古者父母之喪，既殯食粥，齊衰，疏食水飲，不食菜果。既虞卒哭，疏食水飲，不食菜果。期而小祥，食菜果。又期而大祥，食醢（疑為醢）醬。中月而禪（禫），禪（禫）而飲醴酒。始飲酒者，先飲醴酒：始食肉者，先食乾肉。古人居喪，無敢公然食肉飲酒者；今之士大夫居喪，食肉飲酒無異平日，又相從宴集，靦然無愧，人亦恬不為怪。禮俗之壞，習以為常，悲夫！其居喪聽樂及嫁娶者，國有例禁，此不復論，朱子詳明載之《小學》中，俾人童而習之，如勉知戒，意深切矣。迄於今，吾未見其人也，吾未聞其語也，噫！」

這段引文講述了古代人居父母之喪所遵守的儀禮及清代士大夫居喪不守喪禮的情況。大意是：古人居父母之喪，已經殯葬只食粥（在居喪的頭三天，嚴格的連粥都不吃），在齊衰期（居喪的頭一年），只食疏飲水，不食菜果。服喪一年後可以食菜果。服喪二週年後可以食魚、肉做的醬。除服（喪三年，以二十五月計算）可以飲酒，先飲濃度不高的甜酒；開始食肉，先食乾肉。古人居喪，沒有敢公然食肉飲酒的；今天（指清同治年間）的士大夫居喪，食肉飲酒同平常一樣，而且相從宴集，竟然毫不慚愧，別人也不覺得奇怪。從上文可知，約束飲食，從簡從淡，是古人喪禮的重要內容。

---

1 丁世良、趙放：《中國地方志民俗資料彙編・中南卷（上）》，書目文獻出版社，1990年，第452頁。
2 丁世良、趙放：《中國地方志民俗資料彙編・中南卷（上）》，書目文獻出版社，1990年，第425頁。
3 丁世良、趙放：《中國地方志民俗資料彙編・中南卷（上）》，書目文獻出版社，1990年，第370頁。

湖南巴陵縣民間辦喪事先大殮成服，開吊三日，到了出殯時，喪家置辦筵席，親友帶香楮、聯幛、酒席、羊豕等前往弔喪。喪家輪請士紳行家主持奠禮，有的一二天，有的三四天，每天置辦筵席以數十席計。喪席例設大塊半熟肉，多的可達每人一斤，賓客都包著帶回家，名曰「包肉」。清同治《巴陵縣志》引《湖上客談》云：巴陵喪葬喜行大禮，其禮全用祭禮，有省視、盥濯、灌地、燎脂、瘞（yì）毛血、降神諸節，然後「三獻終之，一肝、二膰，三魚也」。喪席菜品以海參為最高檔次，另外有包肉或胙肉，每位客人數斤。客人一住幾天，人以為苦。南山有的隨湘陰風俗，兼用盤碟小碗，像官家樣式，沒有包肉和胙肉。有的圖省事，以大禮行之於夕奠，第二天早上出殯，主客兩便。「最喜鄉人泛賓一吊，即席便去，惟苦乞兒作鬧也。荷塘夕奠有祖餞禮，自子侄親賓皆持一杯為餞，列筵竟丈餘，以為大有古意。」

江西新建縣的民間喪俗是人死先入殮，葬無定期。親友皆赴吊，「設食以食，曰『上殮飯』。」下葬後，還要用草把在墓旁燃燒三天，移之為死者「送火」（大概是擔心死者在另一個世界裡如果沒有火可能吃不到熟食的緣故），三天后，用酒菜祭墓，稱之「闢山」。[1]

江西崇仁縣的民間喪俗是死人出殯之日，九族皆至，喪家大設筵席，「有費二三百金者」，謂之「闢風飯」。開吊期間，主人家在「七七」內設素飯待客，在「七七」外則設葷飯待客。[2]

1 丁世良、趙放：《中國地方志民俗資料彙編・華東卷（中）》，書目文獻出版社，1992年，第1061頁。
2 丁世良、趙放：《中國地方志民俗資料彙編・華東卷（中）》，書目文獻出版社，1992年，第1124頁。

四、祭祀食俗

（一）官府祭祀

《左傳・成公十三年》：「國之大事，在祀與戎。」《禮記・祭統》曰：「禮有五經，莫重於祭。」歷代帝王都將祭祀當國之大事辦理。地方政府亦重視祭祀活動。至清代，長江中游地區由官方主持的祭祀活動已相當頻繁，諸如風雲雷雨山川城隍壇、文廟、關帝廟、龍王廟、火神廟、賢良祠等，每年均要隆重致祭。下面據光緒《湖南通志》對其中幾種祭祀所供祭品加以介紹。

❶・祭風雲雷雨山川城隍諸神

每年春秋仲月上戊日合聚，諸神共一壇。風雲雷雨居中，帛四；山川居左，帛二；城隍居右，帛一，俱為白色。陳設的食物祭品為：菁菹、韭菹、鹿脯、醓醢（tǎnhǎi，帶汁的肉醬）、稻、粱、和羹、黍、稷、形鹽、鱎魚、棗、栗、豕、羊。

❷・祭五聖及十二哲

官方祭五聖及十二哲的地點在文廟。用來祭祀多位聖人及先哲。內殿所用祭品與正殿相似，只是品種稍少。祭祀的時間為每年春秋仲月上丁日。給至聖先師孔子神位進供的祭品是：帛一（白色）、牛一、羊一、豕一、登一、鉶二、簠二、簋二、籩十、豆十、酒罇一、白磁爵三。陳設的食物祭品為：筍菹、青菹、韭菹、魚醢、鹿醢、醓醢、脾析、芹菹、豕柏、兔醢、和羹、稻、粱、太羹、黍、稷、形鹽、鱎魚、棗、芡、栗、鹿脯、榛、白餅、菱、黑餅、豕、犢、羊。

除祭祀孔子的主位以外，還有四個配位：東配為復聖顏子、述聖子思子，西配為宗聖曾子、亞聖孟子。祭品：帛一（白色）、豕一、羊一、鉶一、簠二、簋二、籩八、豆八、酒罇一、白磁爵三。陳設的食物祭品為：芹菹、韭菹、兔醢、筍菹、魚醢、醓醢、菁菹、鹿醢、和羹、稻、粱、黍、稷、形鹽、榛、鱎魚、菱、棗、芡、栗、鹿脯、豕、羊。

十二位先哲的祭位：東六位為閔子、冉子（雍）、端木子、仲子、卜子、有子，西六位為冉子（耕）、宰子、冉子（求）、言子、孫子、朱子。祭品為：帛一（白色）、豕一、鉶一、簠各一、簋各一、籩各四、豆各四、豕首一、白磁爵三。陳設的食物祭品為：芹菹、韮菹、兔醢、鹿醢、稷、和羹、黍、形鹽、栗、棗、鹿脯、豕、豕首。

由上述情況可知，食品在祭祀中的地位是非常重要的。

❸．祭關帝

每年春秋仲月及五月十三日都要祭祀關羽。春、秋時節的祭品有：帛一（白色）、牛一、豕一、羊一、登一、鉶一、簠二、簋二、籩十、豆十（後殿不用牛，餘同）。五月十三日的祭品有：帛一（白色）、牛一、豕一、羊一、果五盤。春秋二祭陳設的食物祭品為：筍菹、青菹、韮菹、魚醢、鹿醢、醓醢、脾析、芹菹、豕柏、兔醢、和羹、稻、粱、太羹、黍、稷、形鹽、鯿魚、棗、芡、栗、鹿脯、榛、白餅、黑餅、豕、犢、羊。

從上述幾例官府祭祀所呈供的祭品分析，祭祀所用的飲食品大致可分為六類，即主食類，醃菜、魚肉醬菜類，鮮肉類肴類，羹菜類，果品、魚肉乾、點心類，酒類，非常豐富。

特別是醃菜、魚肉醬菜類更是品種繁多，如筍菹，是由竹筍醃製而成；菁菹，由蔓菁醃製而成；韮菹，由韭菜醃製而成；芹菹，由芹菜醃製而成；魚醢，是魚肉製成的醬；鹿醢，是鹿肉製成的醬；醓醢，是一種帶肉汁的醬；脾析，是用牛百葉製成的醬；豕柏，是用豬脅部肉製成的醬；兔醢是兔肉製成的醬等等，展示出鮮明的地域祭品特色。

（二）民間祭祀

❶．祭祖

長江中游各地區民間祭祖的時間和使用的祭品差異不大，湖北通城縣的祭祖之禮是：每姓各建宗祠。每年元旦燃香燭、以茶酒告祖。初二日，通族集聚在公祖祠堂舉行贊禮。社日前，祭新葬先冢。清明節前後，備香楮、豬肉、酒菜上墳祭祀歷代先祖。立秋之時，煮新米飯告祖嘗新，七月中元，十一日，迎祖獻飯；十四、十五日晚，燒楮錢包裹送祖，稱之為「化錢」「化袱」。除夕，燃香爐，用酒饌奠祭神祖，稱之「辭年」。在高、曾祖考妣的誕辰，穿吉服，具饌奠祖。在其忌辰（即去世之日），則穿素服，致齋具、獻酒饌醮奠。各姓祭祖，多在秋冬之間舉行，每五年、或十年、二十年、三十年，會集全族子孫，按門分派豬羊，所用牲畜可達百餘隻。祭祖完畢，將豬羊均分燕飲。[1]

江西武寧縣民間每逢佳節都要治辦酒肉祭祖。清明，治粔奴、酒肉上墓，鳴金掃墓，並向觀看的小孩撒果品。上元節、中元節均要以酒菜祭祖，重陽後聚族祭祖，並要演戲燕飲。[2]

江西都昌縣民間的祭祖分：春掃墓，各戶在清明前數日備酒餚至祖先墓所掃墓，有時集中族人，備羊豕、鼓樂，讀祝致祭，謂之「醮墳」；秋燒紙祭於寢，農曆七月初一起，每天供食饌如同祀奉祖先正常飲食一般，謂之「接祖宗」，七月十五日的前三天，備酒餚，焚冥錢，謂之「送祖宗」；生日則慶、忌日則哀，凡高祖考妣生辰忌日，均上香、點燈，供酒餚拜薦；逆望參，每逢各月初一、十五日，早上香、午供飯、夕點燈，皆參拜，元旦和上元節則燃燭放花炮，與其他月不同；薦新，如立春獻春菜盤，孟秋擇日備酒餚薦新谷，如生前度新日；俗節則獻以時食，如端午節獻角黍、菖蒲酒，中秋節獻月餅等。[3]

❷．對諸神的祭祀

民間所祭之神很多，有奉人們信仰中的「真神真仙」的，有奉前代帝王的，有

1　丁世良、趙放：《中國地方志民俗資料彙編．中南卷（上）》，書目文獻出版社，1990年，第377頁。
2　丁世良、趙放：《中國地方志民俗資料彙編．華東卷（中）》，書目文獻出版社，1992年，第1085頁。
3　丁世良、趙放：《中國地方志民俗資料彙編．華東卷（中）》，書目文獻出版社，1992年，第1087-1088頁。

奉前代名臣名人的，也有奉各行各業先祖的。不過所祭最廣的主要是社神、財神和灶神。

（1）祭社神　社神，即土地神。楚地祭社神之俗先秦已有，至清代長江中游地區仍有廣泛的祭社活動。舊時農民認為農田林果收成好壞與土地神有很大關係，因此，農家在年節和收成時，以及六月初六的「土地公生日」時都要祭祀土地神，祈求豐收。如湖南永州府寧遠縣民間每逢春、秋兩社，鄉村各有社會，或十餘人，或數人，備牲酒祭社。祭品有黍稷諸品，民間認為祭社之飯給小兒食用可以「啟聰明，兼消關煞」。春社從簡，惟秋社最豐。[1]

（2）祭財神　祭財神之俗各地均有，其中以商家為盛。民間為正月初二（南方為正月初五）祭祀，多供三位財神，即關聖大帝、玄壇趙元帥和增福財神。每到春節正月初二或初五時，人們大開門戶，燃香放炮迎接財神。長江中游地區一般在正月初五祭祀財神，認為財神即五路神，即東西南北中五路，出門皆可得財。供品多為羊肉、鯉魚、公雞、年糕等。

（3）祭灶神　祭灶神的時間是在臘月二十三（送灶）和除夕夜（接灶），灶糖是必不可少的祭品，具體情況在「歲時節令食俗」部分已有敘述，此處不再贅言。

除此之外，各行各業均有所祀的祖師先賢，如豆腐及粉行祀淮南先師（即漢代淮南王劉安，相傳劉安發明了豆腐），鐵匠祀太上老君（即周代李耳，以有八卦爐之故），麵食業祀關帝，藥材業祀孫思邈（俗呼藥王菩薩），酒業祀杜康，餅業祀眉公（即白眉神），茶業祀陸羽，木匠祀魯班等。

1　丁世良、趙放：《中國地方志民俗資料彙編・中南卷（上）》，書目文獻出版社，1990年，第573頁。

第七章

清末至中華民國時期
名店美食繁花似錦

清末至民國，在急遽變化的社會環境中，長江中游地區的飲食文化得到了快速發展。多個城市的開埠，活躍了食品的進出口，從而促進了餐飲業的發展和興盛。這一時期長江中游地區的各種菜品的風味流派各領風騷，名菜、名點、名酒、名茶爭奇鬥妍，食俗也隨之發生嬗變。

第一節　多城開埠後食品進出口活躍

十九世紀以來，長江中游地區有多個城市開埠，如湖北的漢口，湖南的長沙、岳陽，江西的九江等，自此，極大地促進了這些地區的進出口貿易，使海產品、牛肉、香料、洋酒、食糖等食品大量湧入，茶葉等特產也隨之輸出，從而豐富了長江中游地區民眾的飲食結構，也為餐飲業的發展提供了新的原料來源。

一、湖北漢口開埠後的食品進出口交流

❶．國外海產品的輸入

西元一八六一年湖北漢口開埠後，東南亞海產品成批輸入武漢。清同治十三年（西元1874年），經銷「東洋」海味的上海東源行派人來漢，設海味專號，專營海味品批發。一八九八年，日本的海產品開始直輸漢口，由三井、伊藤忠等洋行經銷。後經銷海味的店鋪不斷增加，形成「兩洋海味，閩廣雜貨」的浙寧幫，「糖鹽海味，閩廣雜貨」的咸寧幫和「車糖海味，閩廣雜貨」的漢幫，使漢口一度成為南洋海味和川糖的貿易中心。

據《湖北近代經濟貿易史料選輯》之「水產品貿易」載：清末漢口大量輸入海味，消費遍及城鄉。漢口地區水產之需極為普遍，「無上下貴賤之別，用於日常之食膳與豬肉相似。其份額約達百二十萬兩，每年且有增加」。海產品來源於日本、

朝鮮、南洋，以及中國的寧波、福州、汕頭、廣東等處。

漢口主要輸入的海產品為海帶、海參、乾魷（含墨魚）及洋菜等，這些海產品絕大部分由漢口居民所消費。尤其是乾魷及墨魚，非常為漢口居民所好。使得湖北漢口及周邊地區的飲食結構中海產品增多。

❷．牛羊肉的輸入

湖北居民素以食用豬肉為主，牛羊肉相對較少。清朝時期，為保護耕牛以利農耕，清政府禁宰耕牛。據《武昌牛業的一些記憶》載：「那時宰户，三兩日宰頭肥牛，每頭牛肉分割32塊挑賣。縣官一日兩次出巡，賣牛肉的要躲過縣太爺以後再賣，天氣乾旱禁宰較嚴，對被抓到的牛販、肉販，可以判坐牢的。」漢口開埠後，外商外僑大量湧入，又有不少外國水兵，這時歐風東漸，四洋雜處，以牛肉為食品大宗。清政府始放寬禁令，准許省內武昌、漢陽、漢口和宜昌、沙市、武穴、老河口等七個通商口岸宰牛及貿易。這一時期牛肉食品開始增多。

回民定居武漢後，牛肉食品有了新的發展。據當地「伊斯蘭教協會」提供的資料，回民內遷武漢人數較多的有兩次，一次是一八六六年，清陝甘總督左宗棠繼攻打捻軍之後，率軍鎮壓西北回民軍，縱兵殘殺回民，回民南逃而來；另一次是一九〇六年河南周口地區黃泛成災，該地回民中的部分小商販，攜家帶眷來漢落戶。回民的增多，加大了對牛羊肉的需求，從而促進了牛羊肉的輸入。

❸．調味料、茶、酒的輸入輸出

湖北所需食糖、食鹽、香味調料主要依靠外輸。清末民國時期糖類貨源主要來自上海口岸和廣東地區，以及川、贛等地。當時武漢市場的食糖有日商、英商運銷的車糖和香港糖，華僑運銷的荷蘭糖，還有國產廣州、潮州的貨源食糖的普遍使用，促進了糕點、糖果食品的發展，也使許多湖北菜具有鹹鮮回甜、純甜或酸甜的特點。

湖北菜中的滷菜和微辣菜大多須加胡椒調味，故進口胡椒所占比例較大。

湖北是產茶大省，而漢口為中國茶葉的主要集散地，是全國「三大茶市」之一。漢口運銷的茶葉，主要為紅茶、綠茶和磚茶三種。綠茶主要行銷國內，紅茶和磚茶主要出口外銷。

酒類的輸入。清末民國時期，武漢居民飲用和作調料的酒主要有湖北產的汾酒、南酒，江浙產的紹酒，以及從國外輸入的洋酒等。漢口開埠以來，即有「洋酒」在此銷售。經銷進口酒的商號有金灃、天利、美豐等洋行，除售給武漢三鎮的外僑外，多轉由西菜館、大酒樓、酒吧間和高級食品店零售。進口酒品種繁多，銷路最廣的是啤酒，其次是白蘭地、威士忌、香檳酒等，再次為清酒、汽酒、湯姆酒等。

二、湖南長沙、岳陽開埠後的食品進出口交流

湖南長沙、岳陽開埠後，食物的輸入輸出品種與湖北相似，湖南省在清末民國時期的省外貿易主要經長沙、岳陽兩埠進行。清末至二十世紀三〇年代的食物原料交流，促進了湖南菜點的發展，湖南菜點的格局也在此階段初定。

❶．海產品的輸入

湖南省河湖眾多，盛產魚蝦，淡水魚鮮可滿足當地居民生活所需。歷史上湖南菜中沒有或少有海味菜，但自鴉片戰爭以後，海參、魚翅等開始進入宴會、筵席之中。清末以後，海產品大量輸進湖南，居民食用海味菜呈普及之勢。據民國二十三年（西元1934年）《湖南經濟調查所叢刊》所載「湖南之海關貿易」一文云：湖南海產品不斷增加，且60%以上為從國外進口的洋貨，民國二十年（西元1931年）輸入土貨（指中國海產品）不過二十六萬兩，而洋貨達四十餘萬兩（指進口價值，關平兩）。

在進口的海產品中，數量最大的為海帶類，占洋貨進口總數70%以上；其次為海參，占20%；其他幹貝、魷魚、墨魚等，共不及10%。海帶類包括海帶、海菜及石花菜，90%由日本等地進口。海參有黑白兩種，黑者來自朝鮮及日本，白者來自南洋。黑海參為大眾消費品，占海參進口數量的70%以上，基本上由日本進口。

❷．糧食的輸入輸出

湖南省糧食進口以雜糧為多，平時輸入較少，每逢天災，即有數10萬擔進口，進口糧食以小麥、高粱為主。進口糧食的粉類幾乎全是麵粉，其他糧食粉類每年只有數擔或數十擔，微不足道。民國元年（西元1912年）時的麵粉輸入尚不過2萬擔，但到了二十世紀三〇年代後，已增至20萬擔上下。據一九三三年統計，湖南省的小麥消費量為5萬萬斤，折合麵粉在400萬擔以上。

清末民國時期湖南穀米輸出額銳減，輸入麵粉等旱雜糧增加，促進湖南麵點製作技術的提高及品種的增多。

❸．調味料、茶葉的輸入和輸出

湖南省從國外進口的調味料主要有砂糖和調味料。

進口的外國糖主要有赤糖、白糖、車白糖、冰糖四種。赤糖是指荷蘭標準第十號以下的紅糖，多由南洋一帶進口；白糖是指荷蘭標準第十二號以上的糖，多由爪哇及日本進口；車白糖是指荷蘭標準第二十五號以上的糖，俗稱「精糖」，經香港怡和或太古公司精煉後運來；冰糖即結晶糖，輸入湖南省較少。

調味料的進口自清末民國初年始逐漸增加，至二十世紀三〇年代，年輸入量已達20萬兩關銀以上。在所輸入的香料「洋貨」中價值最大者為胡椒。此外，還有八角茴香、砂仁、荳蔻、肉桂、丁香等。湖南居民自二十世紀初開始越來越注重食物的調甜、調香，因此湖南菜中的一些品種變得更加甜起來，更加香起來。

湖南產茶素豐，早在唐宋時期便有茶葉輸出，迄至清光緒初年，每年輸出之茶，銷售漢口者達90萬箱，後因印度、斯里蘭卡茶業發展，湖南茶的銷路日漸縮減，至光緒末年出口僅為40萬箱。民國以後，又時增時減。湖南出口之茶以紅茶為最多，黑茶次之。紅茶的國外消費對象主要是俄國，黑茶則銷售我國西北各省及內外蒙古等處。

三、江西九江開埠後的食品進出口交流

江西九江開埠通商是江西近代歷史上的重要事件，它為相對封閉的江西地區開啟了對外接觸的窗口，同時也對江西腹地的社會轉型產生了重大影響。進出口貿易使江西地區農產品商品化的程度提高，產業結構得到局部的調整，乃至對江西地區的近代工業化也起著催化作用，使其逐漸向近代化方向轉型。[1]

五口通商前，江西貨之出入並不很多。五口通商，尤其是九江開埠以後，情況發生了變化，與鄱陽湖及九江相連接的贛中、贛北地區成為江西進出口貿易的主要渠道。相應地市場重心亦隨之向贛北轉移，這使省會城市南昌的地位日顯突出。江西出口土貨以此聚集而至九江出口，進口洋貨亦以九江入口至南昌分銷各處。

江西物產豐富，許多特產均可出口，「贛省土廣肥沃，農產之富，甲於長江各省，除瓷器、茶葉、木材、紙張、夏布五特產外，餘如糧食、棉花、煙葉等亦為農產之大宗」[2]。

九江開埠通商以來，其茶葉出口量猛增，催生出許多新的產茶區。使「江西省沿鄱陽湖的產茶區，在最近五十年中，已發展為一個很重要的茶區，所有婺寧及寧州茶都是這個地區出產的，並且大量輸送歐美」[3]。由此而出現了以修水、武寧為主體的寧紅茶銷售市場。「故該地生產以茶葉為大宗，居民十之八九，賴茶為生」[4]。

九江口岸進口的主要是砂糖、海產品、染料等食品、用品，以及棉布、棉紗、火柴等機制洋貨。[5]

---

1 陳曉鳴：《九江開埠與近代江西社會經濟的變遷》，《史林》，2004年第4期。

2 《經濟旬刊》（第1卷），1993年第9期。

3 R.Protune：A Residece among the Chinese，P393。轉引自陳曉鳴：《九江開埠與近代江西社會經濟的變遷》，《史林》，2004年第4期。

4 國民政府實業部上海商品檢驗局編：《江西之茶》，1932年印行。

5 日本東亞同文會編：《支那省別全檔・江西省》第2編《九江府城・生業》，1918年。

第二節　餐飲業的迅速發展與特色

一、飯店茶館的發展與興衰

南北朝以來，隨著中國經濟重心的南移，南方經濟水平不斷上升。長江中游地區的城鎮數量不斷增多、規模不斷擴大，餐飲業隨之發展和繁榮起來。到清末，餐飲業已經形成相當規模。但隨著時局的發展變化，出現了有興有衰的發展態勢。

❶．湖北武漢餐飲業的繁榮與衰退

早在唐宋時期，湖北武漢的餐飲業已日漸繁盛酒樓漸多。羅隱《憶夏口》記漢陽酒樓：「漢陽渡口蘭為舟，漢陽城下多酒樓。當年不得盡一醉，別夢有時還重遊。」宋范成大《吳船錄》記武昌：「南市在城外，沿江數萬家，廛閈（chánhàn）甚盛，列肆如櫛，酒壚樓欄尤壯麗，外郡未見其比。」明末夏口（漢口）商業日漸繁榮，餐館業相應發展。清初，武昌「酒樓臨江開竹屋，當壚小姬能楚曲」。至清道光年間已有相當規模，並出現了行業的細分，如已有了菜麵館業、豆絲業、酒店炒菜業、包席賃碗業、麵業、素菜業、雜碎館業之分；不同風味的酒樓和名菜逐漸興起；風味小吃已很普遍。葉調元《漢口竹枝詞》中有「水餃湯元豬血擔，夜深還有滿街梆」，「鯿魚肥美菜薹香」的記載。此外，還有野味及海味佳餚。

漢口開埠後，隨著經濟和市場的繁榮，各種類型的餐館紛紛入鄂。不僅有京、蘇、川、粵、浙、寧、徽、湘等風味的餐館，還有經營英、法、德、俄各式西菜西點的西菜館和經營日本菜餚的料理館。二十世紀二〇至四〇年代，因自然災害和戰亂，武漢餐館業起伏跌宕。據一九三三年《實業統計》，在一九三一年武漢水災後，各業蕭條，以經營高檔筵席為主的漢口中西菜館歇業21家；酒飯麵館和熟食小店也分別歇業了47家和51家。「一・二八」事變，江浙時局不穩，上海、南京、安徽等地的廚師來漢開館，僅徽州菜館就由16家增至42家。抗日戰爭初期，武漢城市人口陡增，外出就膳需求擴大，餐館業盛行一時。武漢淪陷前夕，餐館業紛紛停業。日軍侵占武漢後，偽市政對餐館實行物料配給，復業戶雖不少，但營業清淡，勉強維持。抗日戰爭勝利後，大批餐館復業或新開，接近戰前的水平。不久因苛捐雜稅和通貨膨脹的打擊，業務衰落。一九四九年四月二十一日《漢口商報》載：「熟食業因受時局不清，市面蕭條之影響，一般人購買力幾乎已降至零度，營業實在無法繼續，所有微弱資本已虧耗殆盡。該業各會員紛紛宣告停業，所留無幾」。這一時期的餐飲業，始終是伴隨著時局的變化而興而衰的。

茶館業的發展狀況。記載漢口茶館最早、最詳的文獻是清道光年間范諧的《漢口叢談》和葉調元的《漢口竹枝詞》。當時漢口西郊的後湖是遊覽勝地，幾十家茶館星羅棋佈，相傳湖心亭茶樓最早，白家樓茶館最著名。還有湧金泉、第五泉、翠薌、惠芳亭、麗亭軒、楚江樓等近10家茶館，都分布在雷祖殿、龍王廟一帶。遍及全鎮、街頭巷尾的茶館生意興旺，自晨開店，營業到深夜。特別是漢口開埠後，商業逐漸繁榮，茶館、茶攤日益增多，原來專供休息的茶園成為商賈洽談生意的處所，手工業者也聚集茶館接活覓業。

一九二九年下半年，國民黨漢口市黨部對茶館業進行調查，在《關於茶館的調查》報告中說：「茶館是市民聚會最方便而最適當的地方，所以茶館成為本市最發達且最多的營業……」於是提出加強「休閒教育」，在漢口、漢陽設立六所「民眾茶園」。三〇年代初，因水災的破壞，武漢百業蕭條，工廠商店紛紛倒閉，失業閒散人口湧入茶館，或打聽行情、尋找就業機會，或消磨時間，在不景氣的經濟生活中，茶館生意反而格外興隆。武漢淪陷時，茶館業受到摧殘。抗戰勝利後，雖有所恢復，但由於苛捐盤剝，通貨膨脹，至1949年春，三鎮茶館倒閉300多家。[1]

❷．湖南長沙餐飲業的興起與湘菜的傳播

明清時期，湖南的交通日漸開拓，商旅興旺，茶樓酒館、小吃店遍及全省各地，就連湘北的城鎮津市，也已是餐館、酒樓迭現。到了清末，五口通商，海禁大

1　武漢地方志編纂委員會：《武漢市志・商業志》，武漢大學出版社，第768-782頁。

開，岳州（今岳陽）、長沙開埠，商旅雲集，市場繁榮，茶樓酒館遍及全省，湘菜的獨特風味也初步形成。當時，湖南出現了一批聲名顯赫的權貴，他們競相僱用高級廚師精製湘菜供其享用。豪商巨賈也群起倣傚，美食之風大為盛行。長沙、岳陽還成立了筵席行會，定有經營條規。長沙城內陸續出現了「軒幫」「堂幫」兩種湘菜館，前者派廚師至民家，承製酒宴；後者則經營堂菜，開市攬客。由於交通方便，客商增多，堂幫生意日益興旺，逐步形成了「式宴堂」「旨階堂」「鉍香居」「慶星園」等十大菜館，並出現了多種烹飪流派，著名的有戴（明揚）派、盛（善齋）派、肖（麓松）派和組庵菜派等。[1]曲園、玉樓東、奇珍閣、瀟湘、挹爽樓、李合盛、火宮殿等餐飲名店曾盛極一時。後來，堂幫的經營範圍越來越廣，從業人員也越來越多，一些商賈和官衙的廚師相繼開設菜館，各自以拿手的招牌菜招徠顧客，促進了這一時期湖南餐飲業的繁榮和發展。

清代，湖南小吃已從民間家庭製作轉向商業性經營，據清末出現的《湖南商事習慣報告書》中介紹，當時湖南小吃就分有米食、麵食、肉食、湯飲、鮮食、豆製品等類，數十個品種，市肆出現「朝則油條之類，夜則河南餅之類，皆提籃唱賣。又有餃餌擔，兼賣切麵、湯圓，夜行搖銅佩、敲小梆為號，至四五鼓不已」的景象。

清末還出現了公共食堂。食堂一般經營大眾化食品，主要為較大的機關團體、寄宿學校、工礦企業和軍隊營盤所設，以供職工、師生和士兵日常就餐之需。城鎮餐館酒樓和食堂的崛起，逐步使餐飲業走向社會化、集團化，促進了廚師之間的競爭和交流，使得湘菜更加豐盛、多樣，烹調技術和理論日臻成熟，加快了湘菜體系的定型，擴大了湘菜的影響。

民國初年，經營餐館酒樓者日益增多。據一九二二年《長沙市場》調查，酒席業原有65家，時存49家。玉樓東、瀟湘酒家、飛羽觴酒樓等名店都是民國時期創辦的，門店排場講究，烹飪技藝精湛，風味獨特。除長沙外，衡陽、湘潭、邵陽、岳

1　湖南省蔬菜飲食服務公司：《中國名菜譜・湖南風味》，中國財政經濟出版社，1988年，第2頁。

陽、常德、益陽、津市、郴州等較大城鎮，餐館酒樓業均有發展。就連僻處五嶺山脈叢壑中的汝城縣，至二十世紀三〇年代也是筵席館林立。

抗日戰爭爆發後，長沙飲食業受挫，一九三八年十一月的文夕大火，使玉樓東、奇峰閣、火宮殿、挹爽樓等一大批名店燒燬。一九四四年長沙淪陷，飲食業更是一蹶不振。抗戰勝利後，有的酒樓一度復業，但終因歷經烽火，人員四散逃難，各店門前冷清，業務頓減。不過，飲食業的發展逐漸轉移至一些未受戰火波及的地區。如在衡陽，各方人士逃難至此，人口激增，發展成為省內第二大城市，酒席業曾一度達到80餘家，較戰前增加八倍，所有酒家每日從早至晚，座無虛席。民國時期，隨著近代工礦企業、新式學堂、新軍兵營以及團體機關的發展，易做快食、方便攜帶的麵點類食品逐漸增多，如饅頭、麵條、粉絲以及包點、細製點心和餅乾等在市場上多有出售。並且在省內還出現了著名的麵館、粉館，如長沙有甘長順、楊裕興等麵館，和記、楊春和、半雅亭等粉店；衡陽有楊裕興、九如閣等麵館；津市有劉聾子牛肉粉店；益陽有盛光保粉店。此外，還應運而生了品種多樣、風味獨特、價廉物美、食用方便的小吃店群，以滿足普通市民的日常飲食需求，如長沙著名小吃店群「火宮殿」。

民國期間的湖南茶館也非常興盛。抗日戰爭勝利後，長沙市有茶館170餘家。民國時期長沙著名的茶館有徐松泉、半江樓、普天春、洞庭春、五芳齋等家，一般懸牌「山水名茶、時鮮細點」招徠顧客。

晚清民國時期湘菜的快速發展、傳佈全國，是與湖南省軍事、政治、文化等方面名人的喜好及推廣分不開的。如清末湘軍始創者曾國藩為清剿太平軍而轉戰江南各省，十多年中，湘軍伙食以湘菜為主，將湖南口味傳佈各地，帶動了湘菜的傳播和發展。左宗棠（湖南湘陰人）率領湘軍轉戰西北邊境。把湘菜帶到西北各省。而使湘菜作為一大菜系成名的，則是在二十世紀的前半期。民國十一年（1922年）以後，南京、上海、重慶、貴陽等地先後開有湖南菜館。尤其是抗戰期間，長沙淪陷，一些餐飲從業人員遷往重慶、貴陽、雲南等地，開設了曲園、瀟湘、盟華園等湘菜館，既服務於遷徙他鄉的湘籍人士，又使當地的食客品嚐到了正宗湖湘風味的菜餚，從而弘揚了湖湘的飲食文化，使湘菜聞名遐邇，確立了湘菜在全國菜系中的地位。

❸．江西南昌餐飲業的曲折發展

清末民初，江西餐飲業的發展以南昌地區為代表。當時京、蘇、川、粵、浙、湘、魯、滇等各地特色菜，以及清真、素菜和西菜餐館逐漸在南昌出現。大、中、小型餐館大多分布在中山路、勝利路、楊家廠及民德路中段。楊家廠有大眾、龍門、青年會、普云齋、嘉賓樓、松鶴園等中西菜館；民德路中段有長安、迎賓樓、滇南餐廳、西線川菜館、萬和樓等。而提供快餐的飯館多分布在車站、碼頭。[1]

到民國二十五年（1936年），南昌的飯館有100家，中西菜館有20家，餐飲業發展形勢較好。但民國二十八年（1939年）抗日戰爭期間，南昌淪陷，大部分飲食店關閉或遷往內地。民國三十四年（1945年）抗戰勝利，飲食店紛紛遷回覆業，到民國三十六年（1947年）飲食店有327家。[2]

民國時期南昌市餐館的經營形式呈現多樣化，有店堂營業，承辦筵席；預約飯菜，送菜上門；廚師上門置辦婚宴等。資金運轉採用現金結賬、往來賒銷、定期結賬結合的辦法。餐館在經營中突出特色，以質取勝，形成招牌菜。如「普云齋酒家」的「北京烤鴨」，「佳賓樓」的京菜，「北京時鮮樓」（後改「北味時鮮樓」）「萬和樓」（後改「清真萬花樓」）經營的風味菜點，均在南昌享有盛名。此外，「天津館」「羅扒館」以「扒肥腸」著名；「六扒館」以北方菜餚著名，「松鶴園」以「松子魚」著名，「大三元」以粵菜著名，「滇南祥記館」以「過橋滑米線」著名，「狗不理」以包餃著名，「覺園」以素菜著名。

1 顧筱和：《1978年以來南昌餐飲經濟的變遷與趨勢》，南昌大學碩士論文，2006年6月，第1-45頁。

2 江西省政府統計室編：《江西年鑑》，1936年。

二、各類餐館的經營特色

清末至民國時期，長江中游地區已有著各種不同類型的餐館，高低檔兼備，南北菜齊全。如有餐館酒樓、飯館、小吃店、包席館、西餐館及茶館等。各類餐館經營定位準確，經營特色鮮明，下面以武漢餐飲業為例加以說明。

❶．大中型餐館酒樓

民國初年，武漢的餐館已具備「中西大菜、南北筵席」的各色風味，共有鄂、粵、川、湘、徽、蘇、浙、閩、京、津和清真、素菜、西菜13個幫口。二十世紀二〇至三〇年代，始按餐館規模等條件劃分等級，一九三四年的《調查與統計》將全市餐館分為上、中、下三等；二十世紀四〇年代又細分為甲、乙、丙、丁、戊、己六個等級。民國年間，武漢大、中型酒菜館逐步增多，各幫風味薈萃，其業務以各色風味酒席、菜餚為主，兼有小吃、點心等，一般有1-3個樓面的餐廳，陳設雅緻，配以字畫花木，爽潔宜人；大型餐館還備有銀銅檯面和牙骨、細瓷等高級餐具；服務人員儀表整潔，按照規範迎接顧客，接待程序為安座奉茶、介紹菜點、擺設餐具、上菜遞巾、代客結賬、禮貌送客等。主要經營方式有：坐堂營業，招客上門；出堂下灶，上門服務；來碗購買，來料加工；往來賒銷，定期結算；廣告宣傳，發行禮券；提供禮廳，代為請客；跑街（業務員）上門，網羅生意。

❷．飯館

飯館有科飯館、扒籠館和一般飯館三種。

「科飯館」是以供應小菜飯為主的夫妻店，常年經營大鍋炒的素菜和小葷菜，如乾子、千張、燒臘、炸小魚等品種；夏秋賣涼菜，冬天供應骨頭熬蘿蔔，這裡是貧苦勞動者聚餐、小酌的地方。

「扒籠館」是以籠蒸菜餚為主，故名；菜餚以豬頭肉、臘豬頭肉、蹄髈、蹄花、黃鱔魚、鰱子魚等為主要原料；蒸魚、蒸雞、蒸鴨、蒸丑（牛肉）、蒸髈、蒸蹄花、蒸糯米圓子等品種是其名菜；規模稍大於科飯館。

「一般飯館」即通稱的飯館，是以鄂菜為主的飯鋪；供應蒸菜、炒菜和大路菜，可置辦酒席，規模、技術居「科飯館」和「扒籠館」之上，遜於酒樓。

❸・小吃店

自清末以來武漢已有燒臘店（滷菜）、粉麵館、牛肉館、甜食館、油條館、餅子店、湯包館、水餃館、煨湯館等，經營本地和東、南、西、北各地方小吃。其中有許多品種享譽一方，名目眾多的風味熟食小吃店遍佈武漢三鎮大街小巷，這些小吃店除就地生產零售外，還批售小販走街串巷。

❹・包席館

包席館專門應顧主約訂上門操辦筵席。武漢包席館是由宋代專為官府貴家宴會服務的「四司六局」的基礎上演變而來的。一般有門面、字號，無店堂；備有炊具、餐具，有廚師、跑堂、出行（採購）等人員。資力厚、技術強的館子，可操辦高檔筵席，配備高級餐具，主要服務於達官顯貴和富戶，以及公司、商號；而資力較小的館子，在技術、餐具等方面均逐次減等，則主要為一般人家操辦紅白喜事的中、低檔筵席。另外，包席館還經營炊、餐具出租業務，故有「包席賃碗業」之稱。

❺・西餐館

武漢的西餐館，舊稱「番菜館」，有大、中、小三種類型。據《漢口小志》記載，一九一三年建成的漢口大旅館所設「瑞海」西餐廳首開風氣，對外經營西餐。此後，一江春、海天春、第一春、普海春、美的卡爾登等大型西餐廳陸續開業。三〇年代初、中期，中餐館經營不景氣，而西餐業務不衰，武漢著名的大中型西餐館有26家，西餐小吃館也盛極一時。一九三八年武漢淪陷前夕，西餐館有的停業，有的西遷重慶。淪陷期間保持開業的以日本菜館為多，較大型的有5家。抗戰勝利後，一九四六年十一月漢口申請復業的西餐館有13家。新中國成立前，武漢的大型西餐館都是中國人經營的，廚師大多是洋行幫廚出身，服務員也是中國人；館子的裝潢、餐具均是西洋化，主要供應公司菜（即份菜或套餐），也供應點菜。西餐館多做下午和夜間生意，有的送菜上門。外國人經營的西餐館均開設在租界內，主要為外輪水手和僑民服務；菜餚大半為俄式。外僑的俱樂部也承做西餐，如英國波羅館等，均採用進口原料，風味比較正宗。外國酒吧間也有西式菜點供應。

❻．茶館

武漢的同業公會根據茶館的規模劃分了等級：25張茶桌以上的是甲等，15-25張茶桌的是乙等，5-10張茶桌的是丙等，5張茶桌以下的是丁等。甲等大茶館多設於鬧市，多集中於漢口，茶客大多數是做生意的商人。民國時期漢口著名的茶館有怡心樓、漢南春、普天春、話雅、品江樓等30餘家；內設雅座和普座，普座一般是方凳或條凳，茶葉中等；雅座備有靠椅、躺椅，春秋有毛巾，冬天有毛毯或狗皮褥，茶具雅潔，沏上等茶。乙等以下的中小茶館房屋設備都比較簡陋，遍佈街頭巷尾。按經營項目分，茶館有「清水」和「渾水」兩種類型。清水茶館以賣茶為主，茶館裡不打牌不唱戲。渾水茶館除售茶外，還有唱戲、說書、打皮影、演木偶、標會、賭博等其他娛樂活動。茶館對拓展和傳播鄉土文化起過積極的作用。

三、烹飪技術特色及服務特色

這些餐飲店之所以口碑好、生意旺，是因為各家非常珍惜自家的聲譽，他們以精湛的烹飪技術和周到的服務立足於業界。我們以長沙的一些飲食名店為例，總結這些名家的特點。[1]

❶．菜品製作精細

清末民國時期，湘菜的烹飪技術已非常成熟，製作精細，從選料、切配到加

1　何傑：《湖南飲食文化地理及其與旅遊業的關係》，武漢大學碩士學位論文，2000年。

▲圖7-1　民國時期的武漢渾水茶館（《老武漢風情》，中國時代經濟出版社）

▲圖7-2　民國時期的武漢清水茶館（《老武漢風情》，中國時代經濟出版社）

熱、調味等各個環節都十分考究。湘菜名店，多聘名廚掌勺，且不乏外籍廚師，菜品製作日益精進。在選料方面非常嚴格。如徐長興烤鴨所需貨源，均是年初由店方與漢壽、草尾等湖區一帶養鴨戶洽商，店方預交貨款，議定中秋前後在長沙交貨，按質議價。此外，該店還在洋湖和名龍潭設鴨場，僱有二人養鴨。養鴨的飼料也有講究，每逢收割時新穀登場，就從大西門糧食行買進頭穀，因為頭穀營養足，鴨吃了壯得快。這樣餵養出來的鴨，皮肥、肉嫩、味鮮，其烤鴨質量也就可想而知。

在切配上，湘菜十分注重刀工。如粗糙的牛百葉經廚師一切，細如髮絲。火宮殿的「蝴蝶過海」取洞庭湖的才魚去刺切片，魚片薄如紙片，光鮮透亮。菜品的設置也非常巧妙，比如有一蛇三吃、一鴨四吃、一魚三吃；洞庭湖區吃鱉有「龜腸鱉膽」的講究，烹製鱉時，常把烏龜腸子放進去一起煮，這樣搭配，有增鮮富味的作用。一些普通原材料通過巧妙搭配，也能烹出經典的湘菜來。

在加熱、調味上，廚師非常重視火功。這在長沙的炒菜、瀏陽的蒸菜、常德的缽子菜上體現得非常細膩。燉菜講究先旺火後慢火，旺火斷生去異味，慢火慢燉，燉出來的菜餚軟爛，湯清味鮮。在調味方面，除了傳統的調味品外，湖南還出現了一大批優質調味品：如長沙九如齋創製的辣椒油、菌油等。南嶽雁鵝菌油被南嶽僧侶視為素食的佳品，譽為「山珍」。特別是湘潭龍牌醬油，還曾於一九一五年獲巴拿馬賽會四等獎。

湘菜的製作還講究「有味者使其出，無味者使其入」的烹飪藝術。「湯爆肚尖」就巧在用「湯」爆「入」味的技巧。用特殊刀法處理的原料經過特製的「湯」疾速燙成謂之「爆」，肚尖脆嫩爽口，湯味鮮美醇厚。湘菜名菜「龜羊湯」則是「出」味藝術，選湘西山龜和瀏陽黑山羊慢火煨燉而成，成湯後一掃羊肉的腥氣和羶味，芬芳馥郁，鹹甜適度，風味獨特。

❷．服務熱情周到

民國時湖南各飯館、麵粉店普遍都有飯後送毛巾、牙籤、漱口水，然後送客出門的服務程序，給顧客留下了良好的印象。如徐長興烤鴨店每有顧客進門，總是禮貌相迎，排座入席，持牌上菜，餐前，免費送一杯開水和一塊香毛巾。餐後，又送上洗臉水、牙籤、漱口水，付賬出門喊「慢走」，還補上一句「下次多光顧」。該店在開業初期，為增強顧客的信任感，推出了一系列創新服務方式：將烤鴨、油雞切小片塊，免費讓顧客試味；顧客入席，走堂者即盤托烤鴨、油雞數隻，任憑挑選，做上記號，上菜時另備小碟裝標記送上，以示守信。

❸．講究文化品位與環境衛生

飯店注重店面的文化氛圍，尤以大飯館、酒家為甚。店內普遍陳設雅緻，鮮花盆景，名人書畫，清雅不俗，吸引了各界顧客。光緒年間開設的曲園酒家，在長沙小四方塘黃翰林公館內，為私家園林。前門正對走馬樓，後門便是青石井，園內曲徑繞塘，亭閣錯落，清幽美雅，設宴於此，別具雅趣，故名「曲園」。[1]這裡的園內門庭、閣柱上都懸掛著嵌有「曲園」二字的對聯：「幾曲欄干文結構，一園花木畫

1　萬里：《長沙老店與湘菜》，《文史博覽》，2006年第5期。

精神」「一丘藏曲折，半畝壯園亭」「在城之曲，因地為園」……頗為傳神。其他的飲食店也很注重文化品位，紛紛請名人撰寫對聯。「奇文飫鉍集，珍食饌夭穌。」這是光緒皇帝的老師翁同龢題贈當時湘菜名店「奇珍閣」的門聯。稱讚當時的「奇珍閣」美肴豐富，聚眾家之長不失和，有獨家之妙不離珍。「客上天然居，居然天上客。」這是清朝長沙名店「天然居」大門兩側的一副對聯，如此回文妙對，堪稱一絕。客人未曾消費，看過對聯便能記住「天然居」，引得客人如潮。當時各地警察部門還對城市的餐館飯店、飲食攤販提出了一些衛生要求。如民國十九年（西元1930年），長沙市公安倜限令熟食館店「一律置備紗罩或玻璃罩，並訂有取締規則，派員隨時檢查」。

四、一批餐飲名店脫穎而出

至民國時，長江中游地區已形成了一批餐飲名店，如湖北的老通城、五芳齋、小桃園煨湯館、老會賓樓、冠生園、四季美湯包館、蔡林記熱乾麵館、談炎記水餃館、祁萬順、大中華酒樓，湖南的曲園、玉樓東、奇珍閣、瀟湘、挹爽樓、李合盛、火宮殿、天樂居、裕湘閣、徐長興、奇峰閣、讌（yàn）瓊園、東瀛台、杏園、紫園軒、銀苑，江西的新雅餐廳等。[1]

「老會賓樓」由漢陽人朱榮臣一九三二年開辦於漢陽，時名「會賓大酒樓」。一九三五年由原三民路口遷至三民路中段現址。一九三八年日寇入侵武漢，一度停業。一九四〇年復業時，因一日本人也在三民路用「會賓樓」招牌開了一家餐館，店主只好在其招牌上加了一個「老」字，抗戰勝利後，老會賓樓聘請了一些名廚，生意逐漸興盛。

「老大興園」原名「大興園」，清道光十八年（西元1838年）由漢陽人劉木堂創辦，原址在漢口漢正街升基巷13號。劉無子女，收吳雲山、吳寶成兄弟為徒弟，劉

1 長沙市烹飪協會：《近代長沙宴席業名店》，《中國烹飪》，1988年第3期。

於一八九八年病故，吳雲山爭得了開大興園的繼承權，其弟便在大興園隔壁開了一家「新大興園」與之競爭。吳雲山為顯示自己是真正「大興園」，民國初年在「大興園」招牌上加上一個老字，並請夏口縣知事書寫「老大興園」四字製成金字招牌，從此「老大興園」在漢聲譽越來越高。一九二七年吳用重金聘請「鮰魚大王」劉開榜執廚，生意更加興旺。一九四四年九月二十五日，「老大興園」房屋被日軍飛機炸燬，劉開榜被炸死，暫停營業。年底又在原址復業，劉的徒弟曹雨庭正式掛上「鮰魚大王」的牌子，成為第二代鮰魚大王。

「大中華酒樓」是由安徽人章再壽創辦的，合股者有同鄉十八人，於一九三〇年開業，一九三二年遷至武昌彭劉楊路，一九三五年營業面積擴大，生意始有發展。抗戰期間生意蕭條，一九四四年章棄店回鄉，酒樓尤其他股東維持經營。該店是徽幫風味的中型酒樓，以擅長烹調魚菜在顧客中享有盛譽。

前面曾談到的「曲園酒家」是長沙名店，早在光緒年間即開設於小四方塘黃翰林的公館內，餐廳坐落在公館的花園內，至民國八年（西元1919年），生意興旺，便擴建為一棟三層樓的大酒家，另建有兩棟平房，增設了茶點、照相、理髮、澡

◂圖7-3　民國時期的武漢四季美湯包館（《老武漢風情》，中國時代經濟出版社）

堂、彈子房等業務，全是一流設備，如檀木餐桌、象牙筷子、銀酒具、銅火鍋等。由黃翰林的官廚雷銀生任經理，請名廚袁善誠掌廚，還擁有丁雲峰、史玉和等名廚，一時聲名大振。曲園的奶湯生蹄筋、花菇無黃蛋、松鼠活鱖魚、冬筍尖等名菜，深為顧客稱道。湘菜大師石蔭祥，即出自史玉和門下，得其真傳。當時曲園酒家不獨飲譽省內，而且揚名中外，如南京曲園、北京曲園多倣傚於長沙曲園，與長沙曲園酒家都有著淵源關係。抗戰勝利後，曲園曾一度復業於青年會東四樓，只因歷經戰火，人員四散，元氣已傷，未能恢復原貌。

「新雅餐廳」為南昌名店。新雅餐廳原名「新雅亭」是一個專賣粉麵的小店。老闆叫郝宜春，最初只有兩張半桌子（有一張桌子還是放在角落裡，故稱「半張桌子」）。後來郝老闆把「新雅亭」搬到郝家祠堂，並改名為「新雅酒家」。雇了30多個夥計，設有20多張桌面。當時，為了招攬更多的生意，郝老闆鼓勵夥計們開動腦筋，走訪各家菜館收集名菜。並對收集到的三四十種江西地方菜做了精心的加工整理，設計出了「新雅雞」「新雅豆腐」和「新雅四寶」這三道菜。這三道菜一上市，顧客便讚不絕口，轟動了南昌市飲食行業，這三道菜便成了新雅的「三絕」。自此以後，店家生意格外興隆。一九四六年下半年，郝老闆拆掉了祠堂，蓋了兩層樓的新店，把「新雅酒家」改為「新雅餐廳」。[1]

第三節　名食名飲爭妍鬥豔

一、長江中游各地區飲食文化的鮮明地域特色

從清末至民國，長江中游地區各地的飲食文化，體現出了鮮明的地域特色。

鄂西北山崗飲食文化亞區是楚文化的萌生地，具有明顯的中原食風；稻與麥、

1　杜福祥、謝幗明：《中國名食百科》，山西人民出版社，1988年，第1214頁。

玉米等旱糧平分秋色，麵製品小吃豐富；牛、羊、菌類菜頗有特色；口味偏重，多用蔥、薑、蒜提香，菜餚多軟爛有回味。

鄂東北低山丘陵飲食文化亞區以水稻為主糧，甘藷、豆類等為輔；以糧豆蔬果見長；菜品用油寬、火功足，口味略重，經濟實惠。

長江中游平原飲食文化亞區以稻米為主，甘藷、小麥、豆類為輔；擅烹淡水魚鮮、豬肉菜，米製小吃聞名於世；擅長蒸菜製作；煨湯技術別具一格；口味鹹鮮回甜、軟嫩、清鮮，山珍海味菜、藝術菜占重要地位，具水鄉靈氣。

江南丘陵、南嶺山地飲食文化亞區以稻米為主，甘藷、小麥、豆類為輔；擅烹家禽野味和四季菜蔬；菜品的鄉土味濃，色重味厚。

鄂西南、湘西飲食文化亞區稻米稍占優勢，玉米、甘藷等占相當比重；具有鮮明的民族特色，重用山珍野味和雜糧山菜，飲食古樸粗放；擅長加工醃臘食品；口味重酸辣。[1]

二、鮮美豐富的水產名肴

長江中游地區擅烹水產菜，以鮮美的魚蝦名肴為一大特色。從清末至民國時期，形成了一大批水產名菜，代表性名菜眾多，現擷萃如下。

「冬瓜鱉裙羹」是湖北傳統名菜，以冬瓜球和甲魚裙邊蒸製而成。鱉骨多肉少，鱉裙富含動物膠，其味最美。有人稱讚它「肉加十𩟗猶難比」。據《江陵縣志》記載：北宋時期，宋仁宗召見江陵張景（西元970-1018年）時問道：「卿在江陵有何景？」答曰：「兩岸綠楊遮虎渡，一灣芳草護龍舟。」又問：「所食何物？」答曰：「新粟米炊魚子飯，嫩冬瓜煮鱉裙羹。」這段君臣對話說明，早在千年之前，「冬瓜鱉裙羹」便是湖北江陵美食。

「紅燒鮰魚」鮰魚自古便膾炙人口。宋代文豪蘇東坡謫居湖北黃州時曾在品嚐

---

1 趙榮光、謝定源：《飲食文化概論》，中國輕工業出版社，2000年，第75-76頁。

即出其皮可为裘猪貛肉可食狗貛有貛味有獭产水中脚如鸭掌有
猬有鼠有鼬鼠俗名黄鼠狼
鳞之属有龙山泽中多石洞龙藏其中天雨则出雨后即归洪水溢出
土人常视其洞旁之草如龙归则草皆内偃也旱时祷之多应又有祷
之而狂风作者俗名风龙有蛟多为民害
有鲤有青鱼有鲢即鲔
池塘中多畜之有鳙即鳑头头多脂有鲜有鲂即鳊鱼名缩项鳊产樊
口者甲天下是处水势回旋深潭无底渔人置罾捕得之止此一罾味
肥美馀亦较胜别地今县前有一家市之鳞白而腹内无黑膜者真有
鲂鳙俗名鳑魮似鲂而小有鳗身白而尾稍红俗名为红梢有白鱼即
阳鲚肉白可为饼有鲎俗名毛花鱼多骨而鲜嫩有鲿俗名黄颡有黄
姑鱼有鳢俗名乌鲤有戒食者有鳜俗名鲚鱼有鲥一名鲫俗名喜头
鱼盖喜头为吉吉音近鲫产南湖者佳大异于他处有鲇有银鱼俗名

▸圖7-4　《武昌縣志》中關於湖北武昌（今鄂州）有鯿魚等名產的記載（清光緒《武昌縣志》）

過鮰魚的美味後，揮毫寫下了《戲作鮰魚一絕》，詩中道：「粉紅石首仍無骨，雪白河豚不藥人，寄與天公與河伯，何妨乞與水精鱗」。

「清蒸鯿魚」是湖北傳統名菜。《武昌縣志》載：「鯿魚產樊口（今湖北鄂州境內）者甲天下。」在歷史上，武昌魚泛指湖北武昌（今鄂州市）一帶所產的淡水魚，早在三國時期就頗為有名，武昌石盆渡有古臼遺址：「孫權於此取魚，召群臣斫膾，味美於他處。」即指武昌魚。

「荊沙魚糕」又稱「魚糕圓子」「魚糕頭子」，簡稱「頭子」，是流行於荊沙一帶的傳統名菜。據說「頭子」的來歷出於五代時期，據《資治通鑑・後漢隱帝乾祐二年》記載：「後周太祖郭威即帝位之前」，「自河中還，過洛陽。（王）守恩自恃位兼將相，肩輿出迎。威怒，以為慢己，辭以浴，不見，即以頭子命保義節度使、同平章事白文珂代守恩為留守，文珂不敢違。」北宋政和二年（西元1112年），「頭子」定為「上天子命諸酋次第起舞」特而舉行的魚宴名菜。由於此菜軟嫩鮮香，老少咸宜，直到南宋末年還流傳在荊沙民間，並進而演變為對酋長和敬祖的供品。至明清時期，「頭子菜」尤為盛行，凡達官貴人及富裕者，遇有「行會」「幫會」、婚喪喜事，均要以「頭子」作為上等菜來款待賓客。荊沙魚糕以魚糕為主，與肉圓合烹，

◂圖7-5　湖南名菜——芙蓉鯽魚（《中國名菜譜·湖南風味》，中國財政經濟出版社）

魚糕晶瑩潔白，軟嫩鮮香；肉圓黃亮，滑潤軟糯。

「皮條鱔魚」是荊沙地區傳統名菜，因魚形似竹節，故又名「竹節鱔魚」。皮條鱔魚的稱呼據說出自廚師的乳名。因沙市「義森酒樓」的掌勺名師曾友海對此菜的製作方法曾經進行過改進，使得魚質更加酥脆，於是人們便以曾的小名「條子」稱呼此菜為「皮條鱔魚」。皮條鱔魚形似皺皮蛇條，色澤金黃透明，外酥脆，內油嫩，味香醇。

「蝦鮓」是一道湖北鄉土風味名菜。鮓，是我國民間傳統的儲存魚、蝦、肉等食品的加工方法。漢劉熙撰《釋名》：「鮓，菹也。以鹽米釀魚以為菹，熟而食之也。」北魏賈思勰所著《齊民要術》中「作魚鮓法」，記載了用「糝」拌魚及用倒撲壇貯藏的方法。另據民國十年（西元1921年）出版的《湖北通志》記載：「鮓，醞

◂圖7-6　江西名菜——小炒魚

也。以鹽糝鮓釀而成，諸魚皆可為之。」荊楚民間製鮓之風一直盛行至今。此菜是以河蝦或湖蝦為主料，拌以米粉及調料入壇醃製成蝦鮓後，採用炕燜法製成，成品鹹、鮮、辣、香俱全，風味獨特。

「洞庭鮰魚肚」是湖南岳陽地區的傳統名菜。岳陽味腴酒家烹製此菜最佳，該店為周權姐弟所創，早在二十世紀三〇年代，就以加工洞庭湖水產聞名於業界。他們所製洞庭鮰魚肚，軟糯勝過蹄筋，味道十分鮮美。

「子龍脫袍」又名「溜炒鱔絲」，是湖南傳統名菜。此菜選用拇指粗的鱔魚為主料，去其表皮再烹製，「子龍」即小龍，意指鱔魚狀似小龍，「脫袍」即是去皮的意思，故名「子龍脫袍」。

「小酒炒魚」。江西贛州習俗上稱醋為小酒，炒魚加醋即小酒炒魚。小酒炒魚與魚餅、魚餃三道名菜，素有「贛州三魚」之稱。

三、鄉土風味濃郁的畜禽名饌

長江中游地區的畜、禽類資源歷來豐富，在清末至民國時期，形成了一批用豬牛雞鴨等畜禽製作的名菜，成菜多色重味厚，經濟實惠，呈現出濃郁的鄉土特色。

「沔陽三蒸」是湖北沔陽名菜。沔陽的蒸菜素享盛譽，關於「三蒸」，有多種說法。一說蒸魚、蒸肉、蒸藕；一說為珍珠圓子、蒸白圓、粉蒸肉；還有一說為蒸「海、陸、空」，即天上飛的、水裡游的、陸地上跑的都可以蒸，但以珍珠圓子和粉蒸肉最為膾炙人口。

「蟠龍菜」是湖北鍾祥的傳統名菜。據《鍾祥縣志》記載，此菜起源於明朝嘉靖年間（西元1522-1566年），縣志描寫了蟠龍菜上菜時的盛況：「山珍海錯不須供，富水春香酒味濃，滿座賓客籲上菜，裝成卷切號蟠龍。」並記載了製作方法：「其質取豬肉之精者，和板油與魚剁成肉泥，和以綠豆粉、雞蛋清，後用雞蛋皮裹之，皮間附以銀朱，蒸熟後切成薄片，盤於碗中，紅黃相間，宛然成龍形。」蟠龍菜製作精細，造型美觀，味美可口，在湖北境內廣為流傳，在鍾祥一帶是「無龍不成席」。

「燒三合」是湖北黃陂傳統名菜。相傳明崇禎十五年間（西元1643年），農民起義軍領袖闖王李自成率部由襄陽出發，攻占黃陂縣城。當地老百姓用當地年節食品魚圓、肉圓、肉糕犒勞起義軍，廚師將其合而烹之，一菜三鮮，味道特鮮，義軍極喜食用。後在民間廣為流傳，並把它作為品評酒席的起碼標準：沒有三鮮不稱席，三鮮不鮮不算好。

「黃州東坡肉」是湖北黃州名菜。黃州東坡肉之出名，源於北宋著名文學家蘇軾所作的《豬肉頌》。宋元豐三年（西元1080年）二月，蘇東坡被謫黃州，當時黃州豬肉非常便宜，富人不屑於吃，窮人不會製作。蘇東坡常吃豬肉，並寫詩記述了「煮」肉的方法曰：「淨洗鐺，少著水，柴頭罨煙焰不起。待它自熟莫催它，火候足時它自美。黃州好豬肉，價賤如泥土。貴者不肯吃，貧者不解煮。早晨起來打兩碗，飽得自家君莫管。」蘇東坡「煮」肉的方法廣為流傳。東坡肉之名，目前發現最早出現在明代，明浮白齋主人的《雅謔》中有「東坡肉」條：「陸曰：『吾甚愛一味東坡肉。』黃州東坡肉滷汁黏稠，色澤紅亮，軟爛而不糜，味鹹鮮略甜，香氣濃醇」。

◂圖7-7　湖北名菜——黃州東坡肉（《傳統與新潮特色菜點叢書》，農村讀物出版社）

▸圖7-8　湖南名吃——臭豆腐（《中國名菜譜・湖南風味》，中國財政經濟出版社）

「髮絲牛百葉」是湖南傳統名菜。以牛百葉切絲急火爆炒而成。此菜是長沙市清真菜館李合盛的名菜，該館曾以善烹牛肉菜餚著稱，其中髮絲牛百葉、燴牛腦髓、紅燒牛蹄筋尤為出色，被譽為「牛中三傑」，而髮絲牛百葉更是其中的佼佼者。

「酸辣狗肉」是湖南名菜。湖南人喜食狗肉，擅烹多種狗肉菜餚，如酸辣狗肉、紅煨狗肉、紅燒全狗等。民國時期的湖南督軍譚延闓曾寫了一首頌揚狗肉宴的打油詩：「老夫今日狗宴開，不料請君個個來，上菜碗從頭頂落，提壺酒向耳邊篩。」譚氏設狗肉宴「個個來」，可見人們對狗肉的喜愛。

「麻辣子雞」是湖南名菜。此菜以百年老店長沙玉樓東酒家最負盛名，民間有「麻辣子雞湯泡肚，令人常憶玉樓東」的詩句傳頌。後來，長沙瀟湘酒家的廚師精工細作，也很受人們讚許，民間又流傳「外焦裡嫩麻辣雞，色澤金黃味道新，若問酒家何處好，瀟湘勝過玉樓東」的詩句。

「臭豆腐」為長沙著名傳統風味之一。這裡的臭豆腐已有500年歷史。最早為誰創製已很難查考，但傳到江氏三兄弟時已譽滿長沙。特別是江氏二弟手藝尤佳，其妻王滿珍的手藝也不在其夫之下。火宮殿的臭豆腐名揚天下得益於其泡臭豆腐的水——陳年滷水的與眾不同。

「保靖斷橋青菜酸」是湖南名食。清嘉慶年間，湖南省保靖縣城的大街小巷擺滿了大壇小罐的河碼頭「蘿蔔酸」、爛泥灣的「白菜酸」、十字街頭「藠頭酸」、天塘坡的「葫蔥酸」等酸菜。其中最為可口的要數斷橋「青菜酸」，它色澤金黃，軟脆，微酸，清香爽口，若與青辣椒拌和爆炒，更是別有風味。青菜酸製作簡單，每年在四五月間，把特種的細葉花青菜用稻草捆成小把，掛在房前屋後的竹篙上，在背陰處風乾，再洗淨切細，灌進牛皮壇裡壓緊，擠除苦汁，用油桐葉子密封壇口，倒放在青石盤上。半月後即可食用，這種青菜酸，味道濃郁，清香撲鼻，隨用隨取，長年不壞。

「三杯雞」是江西久負盛名的風味菜餚之一，因其烹製時不放湯水，僅用米酒、豬油、醬油各一杯將其燜製熟透，故名「三杯雞」。加熱用具也較獨特，用南豐產的3號白陶小泥爐盛燃木炭，再用沙缽把原料裝好蓋嚴，以文火燜製成熟，以盤托沙缽上桌。

四、麵點小吃異彩紛呈

長江中游地區小吃花樣品種繁多。麵點小吃用料廣泛，且注重就地取材，地方性突出。米、麥、豆、蓮、藕、薯、菱、菇、橘、野菜、桂花、木耳、魚、蝦、

▲圖7-9　1958年毛澤東主席與隨行人員在江峽輪上合影。豆皮大王高金安與名廚師楊純清隨行（《湖北省志》，湖北人民出版社）

▸圖7-10 湖北名點——熱乾麵（《中國名菜譜・湖北風味》，中國財政經濟出版社）

蟹、畜、禽、蛋等均被選作小吃的原料，其中米、豆、蓮、藕、薯、魚等原料使用廣泛，地方風味鮮明。擷取部分名品如下。

「武漢豆皮」最早是在豆絲皮上攤上雞蛋，再加糯米和配料製成。後來吃法日漸考究，先是「光豆皮」「蛋光豆皮」，進而為「葷豆皮」「三鮮豆皮」等。「蛋光豆皮」以武昌王府口（今紫陽路）的「楊豆皮」為最。二十世紀四〇年代，高金安創新「三鮮豆皮」，味鮮爽口，外脆內軟，油重而不膩，被譽為「豆皮大王」。「老通城」豆皮製作精細，嚴把漿、皮、餡、製等關，其創新品種有蟹黃豆皮、蝦仁豆皮、全料豆皮等。

「四季美湯包」。一九二二年由漢陽人田玉山創店經營，特色為「皮薄、湯多、餡嫩、味鮮」，是在鎮江湯包的製法上改進而成。採取70％子麵對30％酵麵揉麵，肉餡餡內放有皮凍，熟後即成湯汁。真正能領略到四季美湯包的特有滋味的吃法是先輕輕咬破湯包的表皮，慢慢吸盡裡面的湯汁，然後再吃湯包的麵皮和肉餡。湯包品種還有蝦仁湯包、香菇湯包、蟹黃湯包、雞茸湯包、什錦湯包等新品種。

「熱乾麵」是武漢的傳統小吃之一。二十世紀三〇年代初期，由漢口長堤街一個名叫李包的食販所創製，後來有位姓蔡的在中山大道滿春路口開設了一家熱乾麵館，叫作「蔡林記」，成為武漢市經營熱乾麵的名店。後遷至漢口水塔對面的中山大道上，改名「武漢熱乾麵館」。

「孝感麻糖」至今已有1000多年的歷史。「白如霜，撲鼻香，脆薄響，風味長」，這句話概括了它的特點：吃起來酥脆可口，滿口麻香。起初，孝感一帶民間便流行用糯米糖黏上芝麻的吃法，元朝時孝感縣生產麻糖已較普遍。到了明朝，孝感麻糖已很有名氣，其中以孝感縣八埠口鎮一位姓何的師傅做的麻糖最為出名，被譽為「落口消」。後代代相傳，技術日漸精進，漸漸名揚全國。

「五香酥餅」是武漢傳統名點。係由汪玉霞茶食店於清乾隆四年（西元1739年）創製的，素以甜松酥香著稱，有「絕酥」之譽。到二十世紀三〇年代，又經王旭元等製餅師的改進，質量又有提高。此餅採用餅皮小包酥，下鹼撈漿；配料用松末麥芽糖和香油；餡心為黑芝麻屑、桂花糖、陳皮等。在酥餅的表面用黑芝麻標出「玉」字，用特製的七星提爐烘烤。成品形圓面鼓，色澤金黃光亮，松酥甜香，芝麻、桂花味濃郁，頗受消費者歡迎。

「瀏陽茴餅」是湖南地方傳統名點，已有300多年的歷史。瀏陽茴餅是以麵粉、白糖、飴糖、茶油為主要原料，以芝麻粉、金桔蜜餞、小茴、桂子、紅絲等為輔料，用傳統配方和傳統工藝精製而成的，前後經十多道工序。成品形如滿月，色澤金黃，酥脆味美，氣味甜香，頗受消費者歡迎。

「雙燕皺紗餛飩」是湖南長沙名食，歷史悠久，遠近聞名。民國時，這家餛飩店雖然鋪面窄小，但由於做出的餛飩別具風味，一直被人列為長沙的著名小吃。雙燕餛飩採用精麵粉為原料，精工擀成的餛飩皮，薄如紙，軟如緞，拉有彈性，吃有韌勁。餡芯取新鮮豬腿瘦肉，配以適當的肥肉製成。餛飩一經煮熟，便外皮起皺，緊裹餡心。因皮薄似輕紗，故有「皺紗餛飩」之稱。

「和記米粉」是湖南傳統風味小吃。最早經營者是二十世紀二〇年代的李氏，起初是挑擔叫賣，幾年後便在外湘春街買下一家鋪面，取名「和記粉店」，由於李氏母子苦心經營，漸漸有了名氣。和記米粉的特點，一是選料精，必用優質大米，牛肉則用腿部肉，香菇、味精、醬油、鮮菜等一應用料均有選擇。二是製作精細，無論是製米粉、煨油碼，還是吊高湯，各道工序均很嚴格，保證了米粉的質量。

「德園包子」是湖南風味名食，最出名的八種包子稱八大名包：香菇鮮肉包、玫瑰白糖包、冰糖鹽菜包、麻蓉包、水晶包、叉燒包、瑤柱鮮肉包，金鉤鮮肉包。德園包子用料講究，發麵皮選用上等精粉，精心發酵、揉製；餡裡拌有多種山珍海味；各道工序嚴格分工把關。

「油炸浪鍋皮」是湖南靖縣名食，清香酥脆，在明代就已有名。《靖州鄉土志》上載：「明萬曆，土人以稻漿浪皮，入油鍋爆炸，其香無比，名浪鍋皮，用以祭神。」這種食品的製作方法較為複雜：用稻麥作原料，經磨、浪、刮、炸等四道工序，把好稀濃、厚薄、快慢、火候四道關才能製成。製成的浪鍋皮，無泡無皺，光滑細膩，清香撲鼻，遠看如潔白的圓月，近看似透明的薄膜。油炸浪鍋皮過去只在春節時作祭品，擺在神桌上敬奉天地祖先，後來才作為食品，用以待客或當作菜餚上席。

「常寧涼粉」為湖南風味獨特的食品。這種涼粉是用山上生長的涼粉藤的果心為原料製成的，風味獨特，晶瑩透明，手托三釐米多厚的涼粉塊，隔粉可見指紋，吃起來，清涼爽口，味道醇美。據地方志記載，唐代時常寧人已會用涼粉籽製作涼粉解暑了。在人造冰問世以前，常寧涼粉被譽為「六月雪」「水晶凍」，宜夏季消暑。

「桂花茶餅」是九江市傳統名點。此點清代就已聞名，但自清末至民國，九江市只有「源茂」一店製作茶餅。店家將此餅視為名品，一般一次只賣五塊，且對製作方法嚴加保密，以便獨家經營。此餅色澤晶瑩，圓形，直徑約5釐米，厚約2釐米，中間鼓起；其皮薄如紙，具有小而精，薄而脆，酥而甜，香而美，入口松爽的特點，為茶食細點。

「蛋黃麻花」是南昌市傳統名點，因最早是由石頭街徐氏開設的「品香齋」所創製，故又名「石頭街麻花」。此品配料講究，製作精細，揉搓均勻，個小形美，酥鬆爽口，暢銷全省並行銷滬、浙、穗等省市。

「豐城凍米糖」是江西名點，最早製作豐城凍米糖的是一個姓劉的老闆，其店號為「天一齋食品店」，距今已有100多年的歷史。豐城凍米糖潔白髮亮，疏鬆甜脆，老少咸宜。

五、一批酒茶成為名品

至民國時期，長江中游地區已有一批品質優良的酒茶成為知名品牌。

「漬酒」是湖北省安陸產的名酒。安陸釀造漬酒有悠久歷史，據縣志記載，唐代即有此酒。唐代著名詩人李白曾在安陸寓居達十年之久，他在《秋於敬亭送從侄耑游廬山序》裡說：「酒隱安陸，蹉跎十年。」在這蹉跎十年中，李白曾在安陸的八景之首——白兆山（又叫碧山）石壁留詩：「山名曰白兆，似知太白來……欲歌誰則和，甕頭富春醅，數過呼君起，同飲三百杯。」詩人李白甚愛漬酒；宋、元、明、清也有不少詩人讚譽漬酒。到清乾隆時，安陸縣的「揚恆大」、「滕太和」等作坊也開始大批量生產漬酒，後有「周利記」「徐宏大」「魏延記」等作坊也大批量釀製漬酒。新中國成立前安陸縣釀酒作坊30餘家，其中以「三公盛」作坊產的漬酒質量最佳。漬酒色澤透明，清香，入口綿甜，醇香柔和，回味甘爽，風格獨特，屬兼香型酒。

「武陵酒」是湖南常德產名酒。武陵有產美酒的悠久歷史。五代時，此地以崔氏酒坊所釀之酒最為有名。時有張逸人嘗題崔氏酒壚，清褚人獲《堅瓠集》詩云：「武陵城裡崔家酒，地上應無天上有。云游道士飲一斗，醉臥白雲深洞口。」酒隨詩傳，聲名益遠。

「四特酒」是江西名酒。明清時，四特酒原名「高粱酒」，因按酒質分級，以四個特字標記為最優之品，暢銷於湖、廣、浙、閩等地，人們俗稱該酒為「四特酒」。一九三三年，四特酒產量達到40餘萬斤，較有聲望的酒坊有「集義」「萬成棧」「婁源隆」「吳萬成」等十餘家，尤以「集義」「婁源隆」兩家酒質最佳、產量最大，遠銷省內外各地，並在長沙、漢口等地設有分店。四特酒以「清、香、醇、純，回味無窮」的風格見長。

「麻姑酒」是江西省名酒。《麻姑山志》記載：「麻姑山人，取麻姑泉水釀酒，飲之冷比霜雪、甘比蜜甜，一盞入口，沉痾即痊。」又據明《建昌府志》載有：「唐鄧紫陽真人，獻皇家壽酒，係用麻姑山銀珠糯米、麻姑泉、麻姑山藥材所配。」

一九一五年，南城「慶樂齋」酒棧釀製的麻姑酒暢銷海外，參加南洋國際賽酒會，榮獲銀質獎。民間譽有「麻姑糯質，仙泉靈藥，冷霜甘蜜，清腦提神，驅風壯胃，卻病延年」之稱。麻姑酒呈琥珀色至棕紅色，晶瑩光亮，芳香濃郁，味美甘甜，酒性柔和，是具有獨特風格的甜型黃酒。

「君山銀針」茶產於湖南省洞庭湖的島嶼上，自古聞名。君山茶始於唐代，清代被列為貢茶。據《巴陵縣志》載：「君山產茶嫩綠似蓮芯。」據《湖南省新通志》載：「君山茶色味似龍井，葉微寬而綠過之。」古人形容此茶如「白銀盤裡一青螺」。一九五六年，君山銀針茶參加「萊比錫」國際博覽會，受到高度評價，飲譽中外。君山銀針茶芽頭茁壯，緊實而挺直，大小勻齊，茸毛密蓋。沖泡後，香氣清鮮，湯色淺黃，滋味甜爽，葉底明亮。在玻璃杯中，可見芽尖懸空豎立，徐徐下沉；再泡再起，可三起三落；水光芽影，渾然成趣。

「牛抵茶」產於湖南石門縣二都鄉八坪峪，為湖南傳統名茶之一。在宋元明時期被列為貢茶。八坪峪為涅水南岸十九峰中的一條峽谷，三面環山，中有溪流，氣候溫暖濕潤，終年雲霧彌漫；土質則泥中有沙，色黑透黃，多腐殖質，故茶樹終年青翠，品質優異。牛抵茶於清明前後採摘，其嫩芽尖葉肥厚，銀絲縷縷，再以傳統工藝用手工精製而成。成品茶柄粗尖細，條索微彎，銀毫顯露；沖泡時，葉柄在下，毫尖朝上，不浮不沉，搖動茶杯，葉葉相碰，如牛抵角，故得名「牛抵茶」。其湯色碧綠，香氣襲人，初泡苦中帶甜，久泡清甜爽口，飲後爽神清心。

「婺綠」是婺源綠茶的簡稱。它出產在峰巒起伏、雲霧繚繞的江西婺源。「婺綠」屬於炒青條形綠茶。陸羽在《茶經》中就有「歙州茶生於婺源山谷」的記載。「綠叢遍山野，戶戶有茶香」，這是千百年來，人們對該地的稱譽。婺源茶的著名品種有「上梅州」「大葉種」「中葉種」「圓葉種」「長葉種」等，共同點是：葉質柔軟，持嫩性好，芽肥葉厚，有效成分高，宜製優質綠茶。「條索秀麗披銀毫，葉嫩肉厚芽頭飽；香高味醇汁水多，綠葉清湯水色好。」是「婺綠」的突出特點。

「狗牯腦茶」產於江西省羅霄山支脈的狗牯腦山中。此茶始於明末清初。當時，有一梁姓農家從廣東帶來茶種，種於狗牯腦山坳。問世後頗為人讚賞，於是種植開來。一九一五年狗牯腦茶參加巴拿馬萬國博覽會展出，榮獲獎狀和銀質獎章。從此，狗牯腦茶馳名國內外。此茶的特點為條索圓且緊，色澤綠而潤，銀毫細又多，滋味醇帶甘，湯色明淨，香氣勝幽蘭，飲後清涼爽快，清熱去暑。

「寧紅茶」是產於江西修水的傳統名茶，因修水縣在歷史上叫「義寧州」，故名寧紅茶。早在一九一四年寧紅茶就在國際市場上享有盛譽，英國商人曾贈送一塊大匾給修水縣人民，稱頌寧紅茶是「茶蓋中華，價壓天下」。寧紅茶條索緊結、圓直挺秀、毫鋒顯露，葉底紅豔，湯色紅亮，香味馥郁，滋味鮮醇。

「廬山雲霧茶」產於江西廬山，素以「香馨、味厚，色翠，湯清」而聞名於世。因廬山多雲霧，故將所產茗茶稱為「雲霧茶」。廬山種茶的歷史非常悠久，據《廬山乃志》記載：「晉朝以來，寺觀廟宇僧人相繼種植。」唐代詩人白居易曾在廬山香爐峰下辟園，植茶種藥，並寫下了「長松樹下小溪頭，斑鹿胎巾白布裘。藥圃茶園為產業，野麋林鶴是交遊」的詩句。到宋代時，廬山之茶已聞名於世，並被列為貢茶。廬山茶雖久負盛名，可「雲霧茶」之名直到明代才見於記載。雲霧茶品質優異，芽壯葉肥，白毫顯露，色澤翠綠，茶湯清澈，味濃厚鮮爽而甘醇，香幽如蘭。[1]

六、長江中游地區城市宴席奢靡之風興起

清末民國時期，長江中游地區的城市，特別是湖南長沙、湖北武漢等較繁華的城市，飲食尤其是筵宴奢靡之風盛行。湖南長沙的飲食風俗變遷就具有代表性。清咸豐以前，長沙人宴客只用四冰盤兩碗，只有婚嫁才用十碗蟶乾席，民間宴客，菜不過五碗。咸豐以後，由於財富的高度集中刺激了人們對奢華生活的追求，推動了湖南各地出現高檔酒席館，宴席日益豪華。《清稗類鈔・飲食類・長沙人之宴會》中反映了清代中後期長沙宴飲的變化：「嘉慶時，長沙人宴客，用四冰盤兩碗，已稱極腆，惟婚嫁則用十碗蟶乾席。道光甲申、乙酉間，改海參席：戊子、己丑間，

1　杜福祥、謝幗明：《中國名食百科》，山西人民出版社，1988年，第322-330頁、第333-346頁、第438-442頁、第452-461頁。

加四小碗，果菜十二盤，如古所謂飣餖者，雖宴常客，亦用之矣。後更改用魚翅席，小碗八，盤十六，無冰盤矣。咸豐朝，更有用燕窩席者，三湯四割，較官饌尤精腆。春酌設彩觴宴客，席更豐，一日縻費率二十萬錢，不為侈也。」就連安福縣（今臨澧縣）在同治年間也是「稍裕之家，雖鄉里肆宴招客，絕非用海味無以示敬」[1]。清朝中葉湖南出現了湘菜滿漢全席，其特點是規格高、禮儀重，擺最名貴的餐具；席面大、菜品多，少則50-70道，多則一百餘道，席套席，菜帶菜，燕、翅、燒、烤居首位。全部菜品以幾道主菜為軸心，分門別類組成若干小、精、全的席面，而後依次推進，如同百鳥朝鳳、眾星捧月，顯示了清代湖南宴席的奢靡之風。[2]

民國初年，宴席更奢。隨著工商業的發展，各派政治、軍事勢力的角逐、交替，促使了奢靡之風的滋長。一九二三年印行的《慈利縣志》寫道：該縣筵客備物，以縣城、九溪、江埡等地為甚，「冠蓋銜接」，競為侈靡。「尋常百姓交際往來，飲食流連，力摹官派，更遞酬酢，踵事增華。他日十大碗之特設，幾滅影匿跡，不可復見。方是時也，微但魚翅、海參為入饌常品，即燕窩、燒豬亦供賓例菜矣！」一九二六年刊《醴陵鄉土志》也記載當時醴陵的「中人之家，酬酢往還，爭奢鬥靡，以遠物為尚，暴殄為豪」。據民國時期《長沙鄉土志》記載：「宴請親友，在省甚奢，或在瀟湘、奇珍（閣）、玉樓東等著名酒家，海陸珍饈，所費不貲。」在鄉村及「中人以下之席面」，亦「總以十碗為常」。

在民國時期，西方飲食文化對湖南的影響日益加深。美國、意大利、英國、日本等相繼在省城開設華洋飯店，西式食品和西餐受到越來越多的人喜愛。洋米、洋面、西式糕點和啤酒、汽水、咖啡、香檳酒、白蘭地酒、冰淇淋等各種西式飲食逐漸成為一些新派官紳的常用食品。據當時的調查，人口不過三十萬的湘城，僅每年啤酒汽水之消費即達十萬元以上。地處偏僻湘西的沅陵縣，一九三〇年時的舶來品也有「洋鮑魚、洋冰糖、啤酒」等。西式菜餚、罐頭等也進入了宴席。

1　清同治《安福縣志》，江蘇古籍出版社，2002年。

2　何傑：《湖南飲食文化地理及其與旅遊業的關係》，武漢大學碩士學位論文，2000年。

第八章 中華人民共和國時期飲食文化迅速發展

新中國成立以來，長江中游地區的飲食文化在經歷了低潮之後，又迎來了春天。人們的飲食觀念、生活方式發生了巨大變化，飲食觀念追求「吃出健康，吃出快樂」；居民食物結構發生明顯變化，營養狀況有較大改善；食品科技與飲食文化比翼齊飛；民族飲食、西餐等有較大發展；形成了湘菜、鄂菜及贛菜三個地方流派；食品工業、餐飲業的發展日新月異。

第一節　居民飲食生活與食物結構

一、居民飲食生活由簡到豐

一九四九年中華人民共和國成立以來，長江中游地區居民飲食生活的發展經歷了由簡到豐的幾個階段：

❶．粗茶淡飯，解決生存問題

一九四九至一九七八年期間，中國處在一個不斷變革的時期，進行了土地改革運動，第一個五年計劃開始實施，基本完成了對生產資料私有制的社會主義改造。國民經濟得到了初步的恢復和發展，基本解決了人民的吃飯問題。但由於極「左」思潮的干擾，在二十世紀五〇年代末進行了「大躍進」和人民公社化運動，六〇年代又開始了歷時十年的「文化大革命」，造成了經濟的巨大破壞，嚴重影響了國計民生的正常發展，使原本有所緩解的溫飽問題又再次嚴重起來。具體表現在以下幾個方面。

居民收入與消費水平低，恩格爾係數（即食品支出總額占個人消費支出總額的比重）長期在60%以上，居高不下。我國從一九五二年至一九七八年人均消費水平年平均僅增加3.2元，以致恩格爾係數始終保持在65%-68%。這說明當時人們的收入水平都很低，家庭收入中用來購買食物的支出比例始終較高。

食物結構單一。除糧食以外，其他食物供應很少。這一時期，除糧食人均消費量保持一定水平外，副食方面的人均食用植物油、肉類、蛋類和水產品消費量均較低。這種單一的糧食型食物結構，是貧困與營養不良的一個反映。從武漢市的口糧供應政策及其標準大致可看出市民的糧食消費主要是大米和麵粉，只搭配少量的黃豆和雜糧，基本維持生存。而肉類則完全不能滿足人民的日常生活需求。飲食生活十分艱苦。

營養水平低，熱量供給不足。這一時期內，每人每日膳食所供給的能量始終未達到1900千卡，據中國營養協會（1998年10月修訂）推薦的每日膳食中應供給的能量例舉中，一個成人一天所需能量最少為2100千卡。當時人們的能量80％至90％來自糧食；蛋白質低於45.2克，其中90％以上來自植物性食物；脂肪約27.8克，熱量僅大約相當於合理標準的75％，蛋白質約相當於65％。從營養結構看，這個時期的熱量來源中碳水化合物所占比例很高，而蛋白質與脂肪的比重偏低，其構成比不合理。

實行食物平均分配、憑票限量供給的消費方式。長期以來，在農村由生產隊統一分配糧食等食物，在城市則採取憑票限量購買主副食的做法。在食物十分短缺、供給水平低下的情況下，這對於保證龐大人口的生存性食物需求、免受飢餓固然起了重要作用。但這種消費方式對生產發展和生活改善具有抑製作用，同時造成了食物消費的平均化和食物結構的雷同化以及緊張的消費心理。這個時期，生存意識成為人們食物消費的核心，節約食物、精打細算是指導消費行為的基本原則。

❷．從基本解決溫飽到雞鴨魚肉進入尋常百姓家

從一九七八年起，中國改革開放政策給人們的飲食生活帶來了巨大的變化；物資供應從短缺走向富足，從單一走向多樣。二十世紀八〇年代，隨著農村家庭聯產承包責任制在全國迅速推廣，農村巨變，各業興旺，氣象一新。這促使國家在繼續深入搞好農村改革的同時，加快以城市為重點的整個經濟體制改革的步伐。特別是在黨的十一屆三中全會後，我國實施了菜籃子工程，把禽、蛋、奶、水果、蔬菜等

納入菜籃子工程統籌解決。物資供應逐漸市場化，象徵短缺經濟的糧票、油票、肉票相繼退出歷史舞台。從此，中國人餐桌上發生了徹底變化。市場品種日漸豐富，蔬菜、瓜果、蛋、禽、肉類供應充足。各種副食走向市場，麵包、蛋糕、牛奶、餅乾等食品向傳統主食發起挑戰。和菜籃子一樣，百姓的米袋子也悄然發生了變化。二十世紀八〇年代後期，吃了幾十年的粗糧逐漸從百姓餐桌上淡出，細糧成為主角。這個時期，每個人都有一個明顯的感覺：生活水平正從溫飽型向小康型轉化。

這一時期，居民飲食生活進入了一個新的階段。具體表現在：

居民收入與居民消費水平提高較快，恩格爾係數下降到53%-59%。除水產品外，人均肉類、鮮蛋、奶類、食用植物油、食糖、水果、蔬菜、酒類等消費大幅度同步增長。其中大多數食物增長幅度在40%以上。

單一的糧食型食物結構開始向多樣化轉變。肉、蛋、水產品三種動物性食物在人們的日常食物結構中大幅增長，牛肉、羊肉、魚蝦、禽蛋的增長尤為突出。

營養水平明顯提高，人均每日攝入的熱量達到2400千卡以上。其中來自糧食的熱量比重下降，來自蛋白質的有所增加，來自脂肪的增加近一倍。

❸．吃得豐富，吃得健康，吃出文化

二十世紀九〇年代，經濟的高速發展帶來了飲食文化的革命。主要表現為人們需要吃得豐富，吃得健康，吃出文化。

從一九八七年肯德基登陸北京以來，世界各大食品業巨頭先後搶灘中國市場。西餐、法國大菜、日本料理、韓國燒烤等紛紛進軍中國，中國人不出國門便能吃遍世界。而國內餐飲業也如雨後春筍般發展起來。改革開放後餐飲行業以全民、集體、個體三種體制競相發展，迎來了餐飲業的春天。到了二十世紀九〇年代末，中國烹飪開始走出國門。中國餐飲行業呈現出多元化、全方位的發展格局。

對於普通百姓而言，這一時期進餐館嘗鮮不再遙不可及，鮑魚、海參、魚翅、甲魚等開始出現在人們面前，各種檔次和風味的餐廳酒肆隨處可見。人們在外用餐占食品支出的比重明顯上升。

隨著生活節奏的加快，人們的消費觀念也變化了，隨著經濟收入、飲食供給能力的提高以及飲食市場的發育和完善，使居民有了更廣闊的選擇餘地，並促進生產與消費新機制的形成。人們在滿足溫飽後，正步入小康、邁向富裕，開始追求飲食享受、講究科學膳食、注重節省時間、崇尚新口味，飲食已朝快樂化、營養保健衛生、快捷方便、多樣化方向發展。人們的審美情趣也在悄然變化，他們既欣賞「古色古香」，又追求「新潮現代」，也喜歡「洋裡洋氣」。許多人已不再那麼迷信山珍海味了，「正宗」觀念也淡漠了，更信奉「食無定味、適口者珍」。

與此同時，各種成品、半成品、速凍食品備受青睞，減少了人們花在一日三餐上的時間，增加了選擇飲食的方式，比如，對不想做、不願做而又不便出去吃飯的人來說，他們可以選擇以「方便麵」為代表的方便、即食類食品，或用電話訂購心儀的盒飯。經濟條件許可的話，則可以去勞務市場選一個符合自家要求的「鐘點工」，以解決自家的吃飯問題。對偶爾想在家享享口福或改善一下伙食的家庭，他們既可以去自己中意的餐館打包，也可以請餐館送外賣，或是請廚師來家中做上一桌好菜。

這一時期，國家也對國人的食物結構和民眾消費習慣的政策做出了適時的調整。一九九三年二月九日經國務院審議通過了《九十年代中國食物結構改革與發展綱要》，提出了要按照「營養、衛生、科學、合理」的原則，繼承中華民族飲食習慣中的優良傳統，吸收國外先進、適用的經驗，改革、調整我國的食物結構和居民的消費習慣。一九九九年十一月二十二日，中國國內貿易局、財政部、衛生部等八部門聯合實施以培育綠色市場、提倡綠色消費、開闢綠色通道為內容的「三綠工程」正式啟動。「無公害食品行動計劃」於二〇〇二年在全國推廣。湖南長沙的許多餐飲企業為了滿足消費者的需求，紛紛建立自己的「綠色蔬菜基地」，蕎菜、蕨菜、馬蘭頭等野菜被擺在了菜單的顯眼位置。一時，長沙颳起了一股聲勢浩大的吃鄉土菜的旋風。

隨著消費結構的升級換代，消費者的消費需求逐漸升級到注重精神文化層次的消費階段。講究「吃出品位，吃出文化」，從「吃」中感受出藝術的美感、文化的內涵和享受的情趣。從而促使飲食文化的地位空前提高。在學界，湖北、湖南、江西都有不同規模的烹飪、餐飲、飲食文化學術研討會，各地的飲食文化交流更加頻繁，互相吸納、互相交融，出現了大量的著述和刊物；飲食文化課程納入了高等教育，今湖北就有華中農業大學、湖北經濟學院、武漢商業服務學院等高校開辦了烹飪高等教育，更多高校開辦了食品類高等教育。全國許多省市都出現了各種具有典型地域風情的美食節、飲食文化節；許多產品開始注重打文化牌，產品開發更加注重文化內涵。這些現象既是居民飲食生活提高的表現，又是飲食文化迅速發展的表現。

二、居民的食物結構與營養

❶．居民的食物結構

時至二十世紀八〇年代中期，長江中游地區居民的飲食生活水平已有大幅度提高，人們基本解決了溫飽問題，居民的飲食主要由植物性食物和動物性食物兩部分構成，我們可以從中國中長期食物發展研究組編寫的《中國中長期食物發展戰略》一九八五至一九八七年統計的食物消費狀況中得出大致的結論。

食物結構中的糧油果蔬類消費：

贛鄂湘三省植物性食物消費種類主要有糧食、植物油、糖、蔬菜、水果和酒類等。三省的食物消費結構相較有如下特點：

江西省居民口糧消費數量居三省之首，比全國平均水平高29.9%；但水果消費又為三省最低，比全國平均水平低36.3%。

湖北省居民口糧消費量在三省中最低，接近全國平均水平；蔬菜的消費量大，明顯高於全國和另兩省，比全國平均水平高35.6%；植物油的消費量也高出全國和其他兩省較多，比全國平均水平高45.9%。

湖南省居民口糧消費量較高；糖果和酒類的消費在三省中最高，並高於全國平均水平；植物油的消費在三省中最低，只有湖北省的61.7%。

食物結構中的禽畜蛋奶類消費：

贛鄂湘三省動物性食物消費種類主要有豬肉、牛羊肉、禽、蛋、魚蝦、奶等，三省相較有如下特點：

江西省居民禽畜蛋奶類的消費總量較低，不僅大大低於湖北、湖南兩省，也低於全國平均水平，除豬肉消費略高於全國平均水平外，其他各項均低於全國平均水平。

湖北省禽畜蛋奶類的食物消費量居三省之首，比全國平均水平高出18.3%；牛羊肉、蛋類和魚蝦的消費量明顯高於另兩省。

湖南省豬肉消費量明顯大於全國和贛、鄂兩省，比全國平均水平高48.8%；禽肉的消費量也較大，比全國平均水平高24.1%；牛羊奶的消費量很小，只有全國平均消費量的4%；牛羊肉的消費量也只有全國平均消費量的62.7%。

❷．居民的膳食營養

從《中國中長期食物發展戰略》中統計的數據可以看出，長江中游地區居民營養水平居全國領先地位，長江中游地區居民膳食營養水平與全國相比，有以下特點：

該地區的日人均攝入熱量高出全國平均值的16.1%，蛋白質攝入量高出14.7%，脂肪攝入量高出19.0%。這種差距一是與本區居民以食用大米為主，口糧消費明顯高於全國平均水平有關；二是與本區居民動物性食物消費總量水平居全國上乘，植物油消費量較高有關。

長江中游地區居民日人均攝入熱量2400千卡，蛋白質70克，其中優質蛋白約占30%，動物蛋白質占20%以上，脂肪占20%-25%，最高不超過30%。這種營養水平已經接近東方素食型小康生活營養水平的下限。

長江中游地區居民營養還存在著地區和城鄉之間的差異。農村居民在蛋白質的攝入量中動物蛋白質所占比重只占12.4%，明顯偏低。尤其是江西省，其農村居民動物蛋白質攝入量僅占9%。

❸．食物消費趨勢與優劣辨析[1]

二十一世紀長江中游地區的居民食物結構與營養狀況發生了較大變化，膳食結構仍以植物性食物為主，但有向高脂肪膳食轉型的趨向。能量和三大營養素均能滿足人們的基本需要，但比例不合理。下面以湖南的食物消費趨勢為例作一簡述。

糧穀類食物消費在逐漸減少。城鄉居民人均糧穀類食物的消費量明顯下降，根莖類食物的攝入量下降更顯著。從而導致了膳食纖維的減少，可能會引起相關的慢性病。

動物性食物消費逐漸增長。其中城市居民畜、禽肉類的人均消費量是農村的兩倍，供能比大大超過世界衛生組織推薦的合理營養的上限值，使得超重與肥胖的危險大大增加。

食用油脂消費大幅增加。這跟湖南菜的做法有關，因為湖南菜的特點是油重、色濃、偏鹹、偏辣。湖南農村村民的植物油攝入量比城市、縣城高。

豆類消費接近推薦值。但縣城和農村偏低一些。

奶類消費量偏低，尤其是縣城與農村。

其他食物消費情況。蔬菜消費量達到平衡膳食的合理範圍，但水果的消費量不達標，城市居民水果消費明顯高於縣城和農村。

微量營養素。湖南省成年居民人均營養素維生素C、維生素E、鐵、鋅、硒的攝入量大大增加了，但是鈣的攝入不足，導致居民鈣缺乏、骨質疏鬆症患者增多。提高各年齡段居民的奶類和豆類食物的攝入量是解決缺鈣的關鍵。

1 肖劍峰：《湖南省成人居民膳食結構和營養素攝入狀況分析》，中南大學碩士論文，2007年5月，第1-46頁。

第二節　少數民族的飲食文化特色

長江中游地區居住著苗、土家、瑤、侗、回、畲、滿、蒙古、維吾爾、壯等少數民族，其中人口較多、分布較集中的有苗、土家、瑤、侗等民族，他們主要居住在湘鄂西地區。

一、少數民族的歷史及飲食

（一）苗族

據二〇一〇年第六次人口普查統計，苗族總人口為9426007人，主要分布在貴州、雲南、湖南、廣西、四川、湖北等地，江西省也有分布。居住在長江中游地區的苗民主要分布在湘、鄂西部。

❶．苗族的歷史

苗族的歷史悠久，早在五千多年前就有關於苗族先民的記載。苗族先民殷周時代已在今湖北清江流域和湖南洞庭湖一帶生息。約在春秋戰國時期，在巴蜀、夜郎以及荊州都有苗族先民的活動足跡。秦漢時，大部分苗族先民在武陵郡、牂柯郡、越巂郡、巴郡、南郡等地區定居，小部分繼續遷徙到黔東南。苗族在歷史上多次遷徙，大致路線是由黃河流域至湘、至黔、至滇。

❷．苗族的飲食

苗族飲食有其獨特的風格，湘西苗民飲食頗具代表性。

苗族曾有過漫長的原始社會。以樹葉為衣，以岩洞或樹巢為家。商周時期，苗族先民便開始從事農業稻作。秦漢以後，封建王朝在大多數苗族地區建立郡縣，中原鐵器和生產技術的傳入，推動了苗族經濟的發展。唐宋時期，苗族逐步進入到了階級社會，農村公社的首領已有了土地支配權。元明時期，苗族地區的封建領主經濟已相當發展。明朝中央政府於弘治十五年（西元1502年）在湖南城步苗區開始實行「改土歸流」，其他地區開始派遣流官。清雍正年間「改土歸流」的規模進一步擴大。

清代苗族的社會生產多以農業為主，並輔以採集與狩獵活動。苗族平日的主食多以蕎、粟、玉米等為主，以鹽為貴，飲岩漿水，副食有蔬菜、石螺、魚、畜禽、蛇等。據清宣統《永綏廳志》記載：「苗俗，日食兩餐，春夏始三餐，以粟米、包穀諸雜糧為飯。渴飲溪水，生啖蔬菜、石螺，得魚為貴，得鹽寶之，各以一撮掌舐之以為美。近日均相貿易，鹽始達於遠砦。畜肉用火燎去毛，烹而食之，不知五味。客至，或煮薑湯以示敬。」「苗人飲岩漿水，性寒能解脂毒，無痘疹之患。其苗女鬻外境者，服內地水土，雖年已三四十歲，往往反有痘疹。」清徐珂《清稗類鈔》中也講：「苗人嗜蕎，常以之作餐。適千里，置之於懷。宴客以山雞為上俎。山雞者，蛇也。又喜食鹽，老幼輒撮置掌中食之。茶葉不易得，渴則飲水。」

新中國成立後，苗民的飲食生活古風猶存，改善不大，至改革開放前後苗民生活仍在溫飽線上。據一九八六年出版的《湘西苗族實地調查報告》中說到：大抵一年之內，苗民之中吃淨米飯者約占十分之三，吃米兼食雜糧者約占十分之五，吃雜糧兼食野菜蕨葛者約占十分之二。苗民所食雜糧，以高粱、小米、包穀為主，蕎麥、薯、豆為輔。

苗民平日生活多係素食，但也食用禽鳥類、畜獸類、水產類等肉食。在畜獸類食物中以豬、牛肉為主，馬、羊肉次之，野獸肉又次之。水產以魚蝦鱉鱔為上品，蛙蟹等次之。其中以魚為普通。土魚（俗稱蠢魚）產量甚多。生於田間，易於蓄養。如在春季二三月，將秧魚分種，至秋季七八月間，便可收利。每條長至半斤、一斤、斤餘不等。如果長到一兩年，小的可長至一兩斤，大的可達三四斤。即使滂沱大雨，洪水橫流，該魚也不隨波逐流而去。每年初秋，苗家人競相醃酸魚。苗民所食蔬菜種類甚多，可分為人工栽培和野生菜兩大類。苗民所用調料品種不多，有辣椒、桂皮、油、鹽等。茶油菜油，各地皆產。唯茶油一項以永綏、古文兩縣特多。苗民喜愛茶油。苗民食鹽、以川鹽、淮鹽為主，但偏愛川鹽，苗民又稱之為巴鹽。平時做菜，缺油並不以為意，缺鹽則大有遺憾之感。

由於苗鄉交通不便，購肉不易，為了年節改善、調劑飲食、招待人客，各家多將肉醃製後備用。苗民性忠厚，待人真誠。倘有客人到家時，不論生熟，均以酒飯相待，絕不可少。一般在過年節或宴會時以食雞、鴨為珍品待客，客人亦心滿意足，自感主人深情盛意。苗族的節日有春節、春社節、端午節、吃新節、趕秋節、中秋節及重陽節等。

（二）土家族

據第六次人口普查統計，土家族人口數為8353912人。土家族主要分布在湖北、湖南、四川三省接壤的地區。

❶．土家族的歷史

土家族自稱「畢茲卡」或「畢基卡」（「卡」是「家」或「人」的意思）。土家族族源，目前有多種說法。其中一說是古代巴人後裔說，據說巴人鼻祖廩君為古代巴族最早的首領，他率領氏族向清江進發，繼而溯江而上，進入川東地區。西周時，建立了寰雄西南的奴隸政權巴國。戰國中期被秦國併吞，改建為巴郡。到了唐五代以後，原來意義上的「巴人」不見了，取而代之的是以「土」字作稱，如土司、土人、土家等。從元代起，漢族及其他民族的遷入，「土」逐漸成為土家族的專有名稱。同時，元代在土家族地區建立土司制度後，由本民族上層人物擔任官職，自此，土家族地區逐漸進入封建領主經濟的社會。元明期間，隨著土司制度的穩固，土家族聚居的湘鄂川黔邊的地域也就相應結成了一體，並逐漸鞏固起來。清康熙、雍正年間，實行「改土歸流」，湘鄂川黔邊土家族地區與中原漢族文化交流日益密切。

❷．土家族的飲食

歷史上的土家族，生活方式比較原始，飲食粗放而短缺。至明清實行「改土歸流」後，糧食的品種及質量均有較大改觀。尤其是隨著包穀、洋芋、甘藷等農作物的傳入，為土家族人民的飲食提供了保障。同治《恩施縣志・物產》載，如鶴峰「近日種包穀者多，其種固好，可以作米、作酒、作糖、作糕餅，亦種之美者也」。恩施「環邑皆山，以包穀為正糧，間有稻田，收穫恆遲，貧民則以種薯為正務，最高之山，惟種藥材，最近遍種洋芋，窮民賴以為生。」道光《施南府志・物產》亦記：「境內播種穀屬，以包穀為最多，地不擇肥瘠，播不忌雨晴，肥地不用糞，唯鋤草而已。凡高地無水源者，均可種包穀。東鄉椿木營、忠洞之鳥脊嶺等處，均可種洋芋，忠建之金陵塞，高羅之九間店，宜種甘藷」，等等。至現代後，土家族人民的生活有了很大提高，稻米在主食中的比重明顯增大。土家族人日常以包穀飯為主食，包穀飯是以玉米麵為主，摻進適量大米，用鼎罐煮或用木甑蒸製而成。土家族的副食結構及食俗與苗族有許多類似之處。

土家族的飲食習俗受地理環境的影響很大，居民所居之地氣候潮濕，地處高寒，故有喜食辣椒以驅寒散濕的習慣。又因山路崎嶇，交通不便，購物較難，為解決日常飲食之需，每家每戶都有用酸罈子醃製貯存食物。因醃製的食物含有酸味，又能刺激人的食慾，所以形成了以酸辣為明顯特徵的飲食風味，幾乎餐餐不離酸菜和辣椒。酸菜以素食為主，主要用鹽水醃泡青菜、蘿蔔、辣椒，成品酸脆爽口。土家族所食用的辣椒是作為主料，而不是做調配料。他們習慣用鮮紅辣椒為原料，切開半邊去籽，配以糯米粉或包穀粉，拌以食鹽，入壇封存一段時間，即可隨時食用。因配料不同稱為「糯米酸辣子」或「包穀酸辣子」。烹調時用油炸製，光滑紅亮、酸辣可口，刺激食慾，為民間常備菜。土家族嗜辣的飲食習慣與原因在清代的地方志中已有記載。如同治《來鳳縣志・民俗》載：「邑人每食不去辣子，蓋叢岩幽谷中，水泉冷洌，非辛熱不足以溫胃健脾也。」光緒《龍山縣志・風谷》亦載，龍山縣「土人於五味，喜食辛蔬。茹中有茄椒一種，俗稱辣椒，每食不徹此物。蓋叢岩邃谷間，水泉冷洌，嵐瘴郁蒸，非辛味不足以溫胃健脾，故群然資之」。土家族的酸肉、酸魚、臘肉別具特色。

土家族有喝「咂酒」的傳統。咂酒是我國南方少數民族地區普遍流行的一種獨特的飲酒習俗，涉及壯族、土家族、苗族、布依族、羌族、藏族、高山族、彝族等，流行地域包括兩廣、兩湖、四川、雲南及貴州等。咂酒是用糯米或包穀、高粱、小麥釀成的甜酒，裝在壇內，儲藏一年或數年，然後用涼水沖泡，以竹管吮吸。用於宴會上招待嘉賓，及在勞動中驅散疲勞。清同治《來鳳縣志・風俗》載：「九十月間，煮高粱釀甕中，至次年五六月灌以水，甕口插竹管，次第傳吸，謂之『咂酒』。」清光緒《龍山縣志・風俗》稱咂酒為「筒酒」，講「土人」（指土家族人）喜歡飲用，「酒性多峻烈，過飲或致病」。而筒酒性溫平，最能解渴：「惟糯稻釀煮曰『甜酒』，並糟食之，性較溫平。呷酒糟，用膏粱（粱）；夏月浸以山泉，置竹管甕中，吸之最能解渴，又稱筒酒，土人喜歡之。」土家族咂酒蘊含著津液交流、共享一甕的關係，它符合土家族人的民族心理，這種集體的情感交流，反映了中國古代哲學「和」的思想對土家族民族飲食文化的影響。咂酒集飲食、聚會、娛樂於一體，成為土家族調節社會關係的一種重要手段。土家族人還通過咂酒這種方式來履行禮儀，區別上下，明辨主客和長幼，成為土家族傳統禮儀重要的表現形式。

還有部分土家族聚居地區喜喝油茶湯。油茶湯是把茶葉、陰米，或包穀、花生米、豆乾、芝麻等原料，加上薑、蔥、蒜等作料，先用茶油炸焦，然後再用水煮沸而成，油茶清香可口，可提神解渴，驅熱禦寒。清同治《來鳳縣志》中有載：「土人以油炸黃豆、包穀、米花、豆乳、芝麻、綠焦諸物，取水和油煮茶葉作物泡之，餉客致敬，名曰『油茶』」。

土家族的節日有春節、春社節、清明節、「四月十八」、栽秧節、重陽節及祭冬節等。湘鄂西部的土家族同胞，有提前過年（或稱過趕年）的習俗，大月在二十九過年，小月在二十八過年。土家族吃年飯時有不許外人參加的傳統。土家人過年吃「團年飯」時，要吃蒸坨子肉和合菜。「坨子肉」即大肉，就是把豬肉切成大坨的塊狀，拌上小米和灌腸，一同放在大米飯上蒸。「合菜」是用蘿蔔、炸豆腐、白菜經鍋炒之後，再將豬下水、海帶等一起放在鍋中煮，並加調料而製成的各料合烹菜。

（三）瑤族

據第六次人口普查統計，瑤族人口為2637421人。主要分布在廣西、湖南、雲南、廣東、貴州等省區。

❶．瑤族的歷史

秦漢時期，瑤族已經分布在華中地區的湖北、湖南一帶，特別是洞庭湖、長沙五陵和五溪等地。漢代把居住於這些地區的少數民族統稱為「武陵蠻」或「五溪蠻」。瑤族先民也在其中。

唐、宋、元時期，瑤族已經向湖南的南部和兩廣北部遷徙。即湖南的梅山、零陵、桂陽、衡山、澧陽、熙平等郡；廣東的韶州、連州；廣西的賀州、靜江（桂林）、融州（融安）等地已有瑤族居民。明清時期，瑤族先民主要在兩廣腹地和貴州南部以及雲南邊陲和東南亞一些國家定居。

❷．瑤族的飲食

瑤族在原始時期的生活以漁獵為主，農業為輔。《梁書・張纘傳》稱其「依山險為居」，刀耕火種，採食獵毛，食盡則他徙。《天下郡國利病書》稱：「隨溪谷群處，砍山為業。」瑤族民間珍藏的《評皇券牒》記述了瑤族先民「入山居住，刀耕火種山田」和「手把硬弓求野肉」的原始生活狀態。至宋代，湘西丘陵地區和資水流域一帶，已經出現開墾農田，種植水稻、旱禾的情況。史載宋代梅山（今湖南新化、安化一帶）14800多戶瑤漢各族，墾種農田達260430畝。到了明清時期，居住在河谷和丘陵地帶的瑤族人民，已開墾數量較多的水田，種植水稻糧食作物。

瑤族人民所食用的糧食，在早期主要是粟、黍禾、山芋、豆、薯類，到了近現代則以玉米、大米、紅薯為主，次為芋、粟之類。遇上荒年，就採集蕨根，取其澱粉充飢。瑤族一日三餐，一般為兩飯一粥或兩粥一飯，農忙季節可三餐乾飯。過去，瑤民常在米粥或米飯裡加玉米、小米、紅薯、木薯、芋頭等，有時也單獨煮食薯類或把稻米、薯類磨成粉做成粑粑食用。燜煮飯多用鐵鼎鍋架在火炕上的鐵三腳架上或泥築的灶上。有時也用煨或烤的方法加工食品，如煨紅薯、烤嫩玉米、烤粑粑等。居住在山區的瑤民有冷食的習慣，食品的製作都考慮到便於攜帶和儲存，所以粽粑、竹筒飯是他們喜愛製作的食品。《中華全國風俗志》中講到了竹筒飯的製法：「瑤人截大竹筒，以當鐺鼎，食物熟而竹不燃，亦異制也。」用竹筒烹製出的米飯別有一股竹的清香味。

瑤族日常所食的蔬菜有黃豆、飯豆、各種瓜類、青菜、蘿蔔、辣椒、香菇、木耳、竹筍、蕨菜、香椿、黃花菜等。蔬菜常製成乾菜和醃菜。食用的肉類有牛肉、羊肉、雞肉、豬肉、各種鳥獸肉。部分地區的瑤民還以鳥醃製的「鳥酢」和以牛羊、獸肉醃成的「酢」作為美味的民族食品，小鳥可帶骨剁成「肉糝」，加蔥、薑、辣椒，炒得骨酥肉脆後食用。他們還製作魚鮓，可陳放數年甚至幾十年，留備重大節日及款待貴客之用。這些酸菜、酸魚、酸肉，也是外出勞作時的野餐佳品。

瑤族人喜愛飲用油茶和酒。熱情好客的瑤民，凡客人至其家，不問生熟，「概由婦女招待，敬以油茶，客能多飲，則主人喜」。瑤族喝酒和抽菸的嗜好極為普遍。每逢客至，必以自釀米酒款待，「無論男女老幼，遇飲必醉，每值市期，其倒臥酒肆之旁及路側者，指不勝僂」。這些日常飲食習俗，反映了瑤民豪爽淳樸的性格和熱情好客的傳統風尚。

瑤族的節日有盤王節、春節、達努節、社王節、清明節、六月六及小年節等。

（四）侗族

據第六次人口普查，侗族人口總數為2879974人。侗族居住區主要在貴州、湖南和廣西的交界處，湖北恩施也有部分侗族。

❶ · 侗族的歷史

歷史學家們普遍認為侗族源於古代百越。秦漢時期，在今廣東、廣西一帶聚居著許多部族，統稱之為「駱越」，它是「百越」中的一支，侗族即是起源於此。侗族的社會歷史直到唐代以前仍處在原始社會階段。在漫長的原始社會裡，侗族先民已經掌握了原始的稻作技術，馴養了家畜，還學會了釀酒。自唐代開始，侗族由原始社會直接向封建社會過渡。由於從唐至清，中央王朝在侗族地區建立羈縻州、實行土司制度，社會處在早期封建社會階段。清初實施了「改土歸流」，清政府對侗族人民進行直接統治，土地日益集中，此時的侗族社會進入了封建地主經濟發展階段。民國時期則在侗區實行了保甲制度，進一步加快了侗族封建社會的發展。新中國成立以後，侗鄉於二十世紀五〇年代完成了土地改革和社會主義改造，並在侗族聚居地實行民族區域自治，侗族社會歷史進入了一個嶄新的發展階段。

❷．侗族的飲食

侗族以農業生產為主，兼營林業。主要農作物有水稻、小麥、粟子、玉米、甘藷、油菜、黃豆等，家畜、禽飼養有豬、牛、雞、鴨、鵝，善於以塘養魚，好飲米酒和茶，口味嗜酸辣。

侗族在宋代之前農耕已初具規模，並以農產品為食品的主要來源。清代，農業經濟有了迅速發展，擴大了水稻的種植面積，旱地作物也占有相當比重。如光緒《會同縣志．風俗》記，靖州會同縣「豐年粒米狼戾，中產之人猶食糜粥以備不虞，偶遇歉歲輒餐菜食葛」。在清以前，旱地作物以粟穀、蕎麥為大宗，玉米傳入之後，躍居雜糧的主要地位，甘藷的種植僅次於玉米。如同治《保靖縣志．物產》記，保靖「（玉米）收期有早中晚之分，邑中甚多。」「（甘藷）養人與米同，邑多種之」。

侗族人所在的大部分地區日食三餐，也有些地方有日食四餐的習慣，即兩飯兩茶。一天中間以兩餐為正餐，正餐以米飯為主食，一般在平壩地區的侗民吃粳米飯，山區的侗民多食糯米。糯米性黏，多用於製作粽子、餈粑、糯米飯糰。既能抗餓，又便於攜帶，而且不易變餿，備受侗族人民喜愛。「兩茶」是指侗族民間特有的油茶。

侗族的副食有南瓜、苦瓜、韭菜、蘿蔔、刀豆、青菜、蕨菜等各類蔬菜，和魚、牛、豬、雞、鴨、蝦等各種動物性食物。侗族最富盛名和最具特色的當數醃酸食品。侗族家家醃酸，四季備酸，天天不離酸，人人愛吃酸，正如歌謠中所唱的那樣：「做哥不貪懶，做妹莫貪玩。種好白糯米，醃好草魚酸。人勤山出寶，家家酸滿壇」。

侗族的節日有春節、二月二、清明節、姑娘節、端午節、中元節、中秋節、冬節及重陽節等。

二、少數民族的飲食文化特色

長江中游少數民族主要居住在多山的相對比較封閉的地區，飲食古樸而天然，體現出鮮明的民族特色。

❶．飲食結構以粗糧為主，山珍野味占有一定比重

多山的地理環境不適於稻作的發展，卻利於玉米、甘藷、馬鈴薯、蕎麥、小米、高粱等種植，因此湘鄂西苗族、土家族等民族的主食普遍以本地產的各種粗糧為主。加之山區交通不便，外地糧食輸入困難，即使有少量大米等細糧的輸入，也難以改變其以粗糧為主的飲食結構。多山的地理環境對其副食結構也產生了很大影響，即以各種野生動植物為原料製成的菜餚品種較多。他們將山間野果、野菜充分利用，製作出不少別具特色的山間菜餚。例如人們把橡栗浸泡磨漿後做成「橡子豆腐」，這種「橡子豆腐」在外形上和普通豆腐一樣，吃起來卻有一股香甜的橡子味。

❷．普遍嗜食酸辣

湘鄂西苗族、土家族等民族普遍嗜食酸辣的飲食習慣也與當地特定的自然環境密切相關。由於山區的水質較硬，含鹼多，故需多食酸以中和之。他們所食之酸並非來自作為調味品的醋，而是來自本地自產的各種酸菜、酸魚、酸肉等。幾乎家家戶戶都有幾個或十多個酸菜罈子，一年到頭餐餐不離酸。在土家族人那裡，幾乎各種蔬菜都可以製成酸菜，如酸青菜、酸蘿蔔、酸洋薑、酸豇豆、酸大兜菜等，這

些酸菜多用鹽水醃泡而成，成品酸脆爽口。醃漬的酸肉、酸魚也別具風味。同時，他們也嗜食辣味。由於山區海拔較高，森林茂密，降水豐富，叢岩幽谷之中日照不足，空氣潮濕，加之「水泉冷洌」，故需驅寒散濕，而辛辣具有除濕利汗、溫胃健脾的作用，因此他們多有嗜辣的習俗。

❸．食物儲存獨特，烹飪方法粗放

山區多雨潮濕的氣候使得各種食物原料易於腐敗變質，而交通的不便更為當地少數民族居民儲存各種食物增加了不少困難。山民辛苦勞作而得的糧食和魚、肉等產品，很難像交通發達的平原區那樣拿到市場上銷售。在長期的生活實踐中，鄂西土家族人民發明了不少防止食物原料腐敗的方法，如用風乾、醃漬或燻製的方法來儲存食物。

湘鄂西苗族、土家族等少數民族食物烹飪方法粗放，首先表現在菜餚的刀工成型上，他們的菜餚不太講究刀工成型，多為大塊切割。其次還表現在原料的「混雜」上，即習慣於用多種不同的原料混合烹調，類似「大雜燴」。如土家族的「年和菜」（又稱「合菜」），就是將粉條、豆腐、白菜、香菇、豬肉、下水等多種原料混合燉製而成，味鮮辣而雜，往往一燉就是一大鍋。「羊雜碎」則是利用山羊內臟，如肚、腸、肺，及蹄、頭等物，配上陳皮、八角、茴香、乾辣椒、花椒等作料，混合煮製而成。在主食上，土家族人也同樣喜歡摻雜，如常見的「包穀飯」，是以包穀為主，摻上少許大米蒸製而成。「豆飯」，是將綠豆、豌豆等與大米混合煮製。「合渣」是將黃豆磨漿，磨出來的漿、渣不分，將其煮沸澄清再加青菜等其他配料煮熟即成。民間還常常將豆飯、包穀飯加合渣湯一起食用。烹飪方法粗放的再一個表現是烹飪方式單調。在那裡，雖然也有蒸、煮、燉、炸、燜等不同的烹飪方法，但在具體製作一道菜點時，人們卻很少應用先煮後炸、先炸後燜等二次、三次烹調，所烹飪的菜點多為一次烹調成熟。

❹．豪放淳樸，崇祖重禮

湘鄂西苗族、土家族的食風十分豪放，平日土家族人普遍喜歡用大大的土碗吃飯喝酒。如果飯碗太小，就覺得吃不舒服；酒碗太小，就覺得喝不爽快。這種豪放的食風在接待客人的筵席上，更是得到了十足的體現。一般說來，客人臨門，夏天要先請客人喝一碗糯米甜酒，冬天則先請客人吃一碗開水泡團饊，再待以酒菜。鄂西土家人待客還喜用蓋碗肉，即以一片特大的肥膘肉蓋住碗口，下面裝有精肉和排骨。為表示對客人的尊敬和真誠，土家族待客的肉要切成大片，酒要裝放大碗。這種豪放的食風與其淳樸、豪放的民族性格有密切的聯繫。實際上，湘鄂西苗族、土家族人平時生活十分儉樸，往往是粗茶淡飯。但淳樸的山民十分好客，許多窮戶人家如有酒、肉、蛋類，必留存到有客人來訪時才肯食用。平時自己的飲食不甚講究，一旦來客，便盡其所能讓客人吃好喝好，可謂民風淳樸。

湘鄂西苗族、土家族崇宗敬祖、尊老愛幼。他們通過祭拜、野餐的形式緬懷先人們艱苦創業的精神，祈盼家族的興旺發達。湘西土家族、苗族十分注重禮儀，如「攔門酒」就是苗家山寨裡的一種古老習俗，凡迎接尊貴的客人，都要在門口或者村口擺上一碗碗酒，請尊貴的客人們每人都喝上一兩碗或一兩口。客人來訪，必殺雞宰鴨盛情款待。若是遠道來的貴客，苗族人習慣先請客人飲牛角酒。吃雞時，雞頭要敬給客人中的長者，雞腿要賜給年紀最小的客人。[1]

土家族人民認為「禮之初，始諸飲食」，這是十分深刻的見解。因為「民以食為天」，一切禮儀的初始都源於飲食。自古以來，土家人就注重飲食之禮，比如席位的座次，要請尊長坐於神龕之左，這是最尊貴的位置，其次為神龕之右，以此類推，按輩分尊卑一一入座。菜餚則要先請長輩品嚐，之後其他人方可動筷。對孩子的愛護，首先表現在日常生活中立規矩，潛移默化地施教。比如，要求孩子「坐要有坐相，站要有站相」，吃飯時若是孩子懶散、漫不經心，甚或灑落飯菜，必會受到家長批評，告之不允許蹧踏食糧。孩子幫忙燒火做飯時，家長常將「人要實心，火要空心（增加氧氣的進入量，使燃燒充分）」掛在嘴邊，不僅教他們幹好活，更

1　劉於清、李平：《湘西少數民族飲食文化特色及可持續發展研究》，《南寧職業技術學院學報》，2010年第15卷第1期，第10-13頁。

教育孩子做人要真誠實在。鄰家的老人、小孩若因故缺人照應，自家吃飯時一定會把他們叫上，甚至把自家孩子的零食毫不吝惜地拿出來給鄰居家小孩吃，親如一家，其樂融融。淳樸的民風代代相傳，至今依然。

❺．謹守農時，勤勉互助

土家族是以農耕為主的少數民族，農業作物的收成對於土家族人民來說至關重要，所以土家族人民謹守農時、勤勉耕作。正如土家族諺語所說，「趕季節種寶，過季節種草」「八月無閒人，閒人是苕人」。土家族人的日常飲食時間也隨著農忙、農閒發生著相應的變化，農忙時一日三餐簡化為兩餐。由於田地較遠，為節約時間，土家族人一般是清早上山，中午進食乾糧或由家庭主婦送餐，只有晚上才能吃上熱騰騰的較為豐盛的飯菜。土家族人從小就被告知，要想吃到精米細麵就必須選好種、勤除草、多施肥、防蟲害等，要多向會種田的老農請教，勤勞才能致富。長時間耳濡目染「不違農時，促進生產」的觀念已深深印入土家族人民的腦海裡。

土家族人民歷來具有團結互助的傳統。譬如農忙時，大家互助幫工，齊心協力；遇到紅白喜事，也總是出錢出力。經濟條件較差時，婚喪宴席都是你家一斤米，我家一斤肉湊出來的。這種互助形式在經濟不發達時期可以解決很多實際問題。

土家族節日的一些食俗強化了大家互相協作的精神。比如農曆五月初五的端午節，土家族跟漢族一樣要包粽子，相互餽贈鹽蛋等食品。相比而言，土家族包粽子的場景更加熱烈，一般都是男女老少齊上陣，包的包，扎的扎，煮的煮。爾後將醃好的鹽蛋、煮好的粽子餽贈給鄰里四舍，遇到過路的老老小小都會毫不猶豫地送上一份。

土家族地區雖然物種豐富，但土地較為貧瘠，糧食產量不高。土家族人民在長期的生活中養成了艱苦樸素的良好品質。過去土家族人民以甘藷、玉米、土豆為主食，菜餚以素食為主，只有過年過節的時候才能吃上一點肉。改革開放以後，人們的生活水平提高了，米麵成了主食，各種肉食、蔬菜走入了尋常百姓家。但是土家族人民沒有因此而改變艱苦奮鬥的精神，相反他們節衣縮食，忌浪費，恥奢華，把大量的資金放在了子女的教育上。

❻．注重飲食養生

湘西土家族十分重視飲食習慣與養生保健的關係。冬令時節喜食狗肉，以補腎壯陽。冬春之際，喜吃爐子菜（火鍋），無論葷素，以達溫中元、驅寒氣、防病延年之效。土家族人常在涼拌食品中拌加自釀的酒，以健肚腸。平日喜飲米酒，以解渴爽心、生津養神、驅寒健體。土家族人善於利用食物的冷熱偏性來調節人體氣血精的內外平衡。寒體寒病忌食生冷食物，熱體熱病忌食大熱大辛。火旺便適宜服蜂糖、核桃以潤腸滑便；吃魚腥草，有利尿消炎之功。喜用花椒葉、柑橘樹葉、辣椒等當調料煮菜，起到增加香味和開胃助消化的作用。苗族的飲食講究井水衛生，講究食物衛生，常吃一些帶藥性的食物，飲食全面，營養豐富。

第三節　鄂湘贛菜各領風騷

隨著長江中游地區飲食文化的發展，逐漸形成了各具地方特色的鄂菜、湘菜和贛菜。

一、鮮味為本、兼收並蓄的鄂菜

湖北處於東西南北交會之地，菜品風味比較「折中」，曾被認為「個性不夠鮮明，風味欠突出」。後湖北餐飲人認識到湖北菜既有楚鄉韻味，又兼具百家之長正是湖北菜的優勢。它土而不粗、俏而不媚，辣而不燥，甜而不膩，鮮而醇厚，登雅席絕無小家之氣，入排檔也不覺「曲高和寡」，具有更廣泛的適應性。

為了更清晰地分析湖北菜的風味特點，我們以《中國名菜譜・湖北風味》（下

◂圖8-1 湖北名菜——清蒸菊花武昌魚（《中國名菜譜・湖南風味》，中國財政經濟出版社）

簡稱《名菜譜》）一書中收錄的236道湖北名菜為分析對象，從菜餚的品種類型、刀工成形、烹調方法、滋味、色澤、質感等六個方面進行分類統計，並在量化分析的基礎上總結出湖北名菜風味的主要特色。

❶・以魚為本，兼及禽畜

在湖北菜中，水產菜的數量位居各類名菜之首所占比例高達31.4％，這與湖北具有豐富的水產資源和百姓愛吃水產的悠久傳統是分不開的。原料有鯿魚、青魚、鱖魚、鯉魚、鯽魚、鱤魚、鮰魚、鯉魚、鱔魚、銀魚、春魚、甲魚、蝦、蟹、蚌、魚肚、魚翅、海參、鮑魚、干貝、石雞、烏龜等，其中以團頭魴（武昌魚）、鮰魚、魚肚、鱖魚、鱔魚、甲魚、春魚等最具特色。在此基礎上烹製出了一系列頗具地方特色的水產名菜，如「紅燒鮰魚」「珊瑚鱖魚」「明珠鱖魚」「清蒸武昌魚」「荊沙魚糕」「黃燜甲魚」「蟲草八卦湯」「皮條鱔魚」「鄂南石雞」「炸蝦球」「酥饊糊蟹」等。

湖北菜中的肉菜、禽蛋菜地位也很顯著，肉菜所占比例為20.8％，僅次於水產菜。肉菜選用的原料以豬肉及其內臟為主，《名菜譜》中有35道肉菜以此為主料，占肉菜總數的71.4％；其次為牛肉、牛掌、羊肉；還有獐、鹿、野兔。代表菜有「珍珠圓子」「粉蒸肉」「應山滑肉」「螺絲五花肉」「千張肉」「蟠龍菜」「黃州東坡肉」「紫菜薹炒臘肉」「夾沙肉」「小籠粉蒸牛肉」「蜜棗羊肉」等。

禽蛋菜所占比例為20.3％，位居第三。禽蛋菜中以雞及其內臟為主料的菜最多，共23道，占禽蛋菜總數的47.9%；其次為鴨及鴨掌（6道菜）、野鴨（6道菜）、野雞及竹雞（5道菜），還有鵪鶉、麥啄。代表菜有「板栗燒仔雞」「翰林雞」「瓦罐雞湯」「芙蓉雞片」「紅燒野鴨」「母子大會」等。

湖北菜中的山珍海味菜、植物類菜也頗具特色。

山珍海味菜所占比例為11.0%，位列第四。較有地方特色的原料為猴頭、甲魚、燕窩（湖北神農架山地岩洞中出產土燕窩）等。代表菜有「武當猴頭」「蟹黃魚翅」「雞茸筆架魚肚」「冬瓜鱉裙羹」「鴿蛋燕菜」等。

植物類菜所占比例為10.6%。湖北省丘陵、河湖廣佈，盛產各類植物原料，其中包括香菇、銀耳、獼猴桃、香椿、桂花、柑橘等特色原料，代表菜有「豆腐圓子」「椒鹽蛋皮椿卷」「花浪香菇」「散燴八寶」「銀耳柑羹」「拔絲獼猴桃」等。

總體上看，湖北名菜在採用原料上很有地方特色，通常以本地土特產和時鮮產品作原料，即使採用部分省外海味原料，也能因地制宜，製作出富於楚鄉特色的菜品。

❷ · 刀工有術，大氣美觀

湖北菜注重外形品相，菜品原料的形態以塊形菜和整形菜居多，比較「大氣」較大形狀的塊狀菜占32.2%，整形菜占19.9%，即有半數以上的湖北名菜形狀較大，這與湖北名菜多以蒸、燒、炸、燜、煨等烹調方法是協調配合的。片狀菜占16.3%，位居第三，也是一種常用的形狀。

湖北菜中的茸、泥類菜所占比例較高，比例達14.8%，這是湖北名菜的一個顯著特點。不少菜餚是將豬肉、魚肉、雞肉、紅薯等製成茸、泥後再烹製而成。如「明珠鱖魚」「橘瓣魚汆」「空心魚圓」「白汁蝦面」「蒸白圓」「蟠龍菜」「芙蓉雞片」「桂花紅薯餅」「黃陂燒三合」「三鮮圓子」等。

湖北菜以刀工見長，追求刀工後的藝術效果，所以經花刀處理後再造型的菜餚比重較大，特別是新品名肴。據統計，花刀處理後再造型的菜餚占名菜總數的33.9%。所用花刀種類繁多，如鳳尾花刀、柳葉花刀、蘭草花刀、葡萄花刀、百葉

◂圖8-2　湖北名吃——瓦罐雞湯

花刀、十字花刀、多十字花刀、螺絲花刀、佛手花刀、麥穗花刀等。不少菜餚原料製成絲、片後再製成卷。將原料製成茸、泥後更是富於變化，把茸、泥再製成球、橘、瓣、片、元寶、荷花、葵花等。這類菜餚有「繡球干貝」「蔥㸆裙邊」「葡萄鱖魚」「珊瑚鱖魚」「白汁魚圓」「魚皮元寶」「玉帶財魚卷」「螺絲五花肉」「鍋燒佛手肚」「梅花牛掌」「琵琶雞」「葵花豆腐」等。

❸・蒸法領銜，技法多樣

在湖北菜中，「蒸製法」的使用頻率最高。在《名菜譜》的236道鄂菜名肴中，便有59道菜採用了蒸製法，比例占25.0％，是應用最廣的一種烹調方法。鄂菜的蒸法又分為粉蒸、清蒸、乾蒸幾種。「粉蒸」一般用小形原料（或加工成塊、片等形狀）加精鹽、料酒、薑末、味精、醬類調味料等拌勻醃漬入味，再加入經炒香後磨成的粗粉，如米粉、豌豆粉、玉米粉等拌勻，而後蒸製。「清蒸」是將出水處理後的原料加調料入盤蒸熟，多用於水產類整形原料。「乾蒸」是將原料加工整理後加鹽、料酒、醬製品、乾鹹菜之類再蒸熟的一種方法。代表菜有「武當猴頭」「蒸粉石頭魚」「清蒸武昌魚」「荊沙魚糕」「珍珠圓子」「粉蒸肉」「小籠粉蒸牛肉」「扣蒸酥雞」等。

湖北菜中的「燒菜」所占比例為15.9%，「燒」又分「乾燒」和「紅燒」，其中以「紅燒」最具特色。紅燒多選用動物性原料中的水產類、畜類及其內臟、山珍海味製作，一般要加醬油、白糖，成菜為鹹鮮回甜口味，湯汁紅亮，調料約為原料的1/4，口感軟嫩、肥厚。代表菜有「紅燒鮰魚」「紅燒瓦塊魚」「紅燒鯰魚」「紅燒野鴨」「海参武昌魚」「燒魚橋」等。

湖北菜中的煨湯技術具有獨特的楚鄉情韻，「煨」菜所占比例為4.2%，其中以煨湯技術最有特點。湖北民間多用灶內柴草余火煨湯，方法是把經過煸香的各種肉、禽類原料裝在瓦罐中，置於灶內余火中長時間加熱使其成熟。特點是使用暗火，煨製時間長，菜餚骨酥肉爛，湯汁濃醇，色澤乳白，鮮醇濃香。代表菜有「蟲草八卦湯」「龜鶴延年湯」「牛肉蘿蔔湯」「瓦罐雞湯」等。

❹．鹹鮮為本，甜辣臣佐

湖北名菜以鹹鮮為最基本的味型。在《名菜譜》收錄的湖北236道名菜中，有115道屬鹹鮮味型，所占比例為48.7%。從六大類菜餚中鹹鮮味型所占的比例來看，以山珍海味菜最高，高達88.5%；其次為其他菜，達78.6%，植物菜占52%，水產菜占44.6%：較低的為肉菜，占32.7%，禽蛋類占41.7%。說明山珍海味、植物菜、水產菜等多突出本味、鮮味。湖北素稱「千湖之省」，淡水魚蝦資源豐富，而鹹鮮口味的形成可能與楚人愛吃魚有關。[1]

湖北菜中的鹹甜、酸辣等味型，特色也很突出。鹹甜、甜酸、無鹹苦（純甜、純甜酸）幾種味型占有較大比例，尤其鹹甜味型更具特色。鹹甜味型、甜酸味型、無鹹苦味型所占比例分別為18.2%、8.1%、6.8%。帶甜味的名菜數量很大，約有41.9%的湖北名菜帶有甜味。十分突出的是，不少名菜具有鹹鮮甜或鹹鮮回甜味道。鹹甜味型是在鹹鮮味的基礎，用白糖、冰糖、甜麵醬等調料調出甜味，所以此味型有回味悠長、滋味醇美的特點。

1　姚偉鈞：《長江流域的地理環境與飲食文化》，《中國文化研究》，2002年春之卷，第131-140頁。

甜辣、甜酸辣、鹹麻等味型也頗有特點，它們所占比例分別為4.2%、3.8%、3.4%。湖北名菜中的帶辣味菜占13.6%，帶酸味菜為16.1%，這些菜除以鹹鮮味為基礎外，往往添加甜味調料，形成鹹鮮甜辣、鹹鮮甜酸辣等味型，這也是湖北菜的獨特之處。

❺．注重本色，遺風「尚赤」

本色菜餚在湖北名菜中占有較大比重，為42.4%。本色菜烹調時不加有色調料，突出原料的固有色彩，體現了一種明淨秀雅、清新淡雅之美。代表品種有「武當猴頭」「雞茸筆架魚肚」「汆鮰魚」「空心魚圓」「芙蓉魚片」「雞粥菜花」「清燉野雞湯」「蝦蛋蹄筋」等。

湖北名菜注重著色，紅黃色彩菜餚比例大，色澤鮮亮。紅色菜與黃色菜合計起來占湖北名菜總數的57.6%，具有古代楚人「尚赤」之遺風。紅色菜一般是在烹調時加入醬油、醬類、番茄醬等有色調料製成，代表菜有「珊瑚鱖魚」「黃州東坡肉」「螺絲五花肉」「紅燒野鴨」等。黃色菜一般是在烹調時加入較少量的有色調料，使菜餚呈現黃色。一些炸、烤等烹調方法製作的菜餚也要形成誘人的黃色，代表菜有「酥炸魚排」「黃燜圓子」「拔絲獼猴桃」「黃陂燒三合」等。

❻．嫩字當家，兼備酥爛

湖北名菜的質感以「嫩」最為突出，在《名菜譜》收錄的236款湖北名菜中，有近百款菜的質感以嫩為主，所占比例高達40.9%。菜餚的質感主要與其用料、刀工成形、烹調方法等有直接關係。首先，原料質地是菜餚質感形成的基礎。湖北名菜所用的動物原料以魚蝦、雞鴨及豬肉等為主，這些原料組織結構中含水量高，結締組織少、肌肉持水性較強；而所用的植物原料更是以柔嫩的豆腐和各種鮮嫩蔬果為主。其次，刀工成形和烹調方法是菜感形成的關鍵。湖北名菜中，有相當數量的菜餚原料被加工成細小或極薄的片、絲、茸、丁、粒等形狀，有些還要上漿，有利於菜餚快熟和保持水分。蒸、炒、燴、燒等烹調方法的使用，更促使菜餚形成質「嫩」的特點。

「爛」在湖北名菜的質感中位居第二。有21.3%的湖北名菜呈軟爛、肥爛、酥爛的質感。使用的烹調方法是蒸、煨、燉、燜等，長時間加熱。其中蒸菜占25.0%，煨菜占4.2%，燜菜占4.0%，燉菜占3.0%。

「酥」在湖北名菜的質感中地位較突出。有20.8%的湖北名菜表現出酥的質感。「酥」，多通過油傳熱的烹調方法來完成。當原料與高溫油接觸後，原料組織中的水分迅速氣化逸出，則形成酥鬆、酥脆、外酥內嫩的質感。在湖北名菜中，乾炸菜占11.0%，焦溜菜占6.1%，均有「酥」的質感。

「糯」感名肴也占有一定的比重。有8.1%的湖北名菜表現出糯的質感。湖北名菜中有一些採用含膠原蛋白高的原料及糯米等原料製成，烹調中又經慢火加熱或加入白糖、冰糖烹製，令成菜呈現出糯的質感。

❼．麵點小吃盡顯楚韻

湖北麵點小吃用料廣泛，且注重就地取材，地方特色十分突出。米、麥、豆、蓮、藕、薯、菱、菇、橘、野菜、桂花、木耳、魚、蝦、蟹、畜、禽、蛋等均被選作小吃的原料，因此湖北小吃的花色品種繁多。其中米、豆、蓮、藕、薯、魚等原料使用廣泛，地方風味鮮明。

湖北麵點小吃製作精細，廣泛採用揉、搓、擀、切、疊、包、捏、嵌、擦、盤、削等操作技藝，以及煮、蒸、炸、煎、烙、烤、炒、煨、燉、燴、燒、炕等熟

▸圖8-3　湖北名點──麵窩

製方法。湖北麵點小吃工藝講究，如「三鮮豆皮」要求火功正、皮薄漿清、油勻形美、內軟外脆；「四季美湯包」在包餡時講究劑准、皮圓、餡中、花勻；「枯炒牛肉豆絲」要求一次只炒一盤，且火不宜過猛，要炕炒至色黃、質枯。

湖北麵點小吃風味各異，色、質、味、形豐富多彩。就成品而言，顏色上有白色、淡黃、金黃、褐黃、紅色、黑色、綠色、花色等類別；質感上有軟嫩、滑嫩、滑爽、松泡、酥脆、酥鬆、軟糯、粉糯、肥糯、軟爛、酥爛、柔韌、乾香等類型；滋味上有鹹鮮、鹹甜、鹹鮮酸甜、鹹鮮酸辣、鹹鮮酸辣麻、鹹鮮麻、純甜、純甜酸等味型；形狀上有圓餅、包子、餃子、麵條、方形、菱形、球形、羹湯、絲形等種類。

二、酸辣為魂，陽剛霸氣的湘菜

湘菜以「辣」著稱，有「無辣不成湘菜」「辣椒是湘菜的靈魂」等說法。可以說，湖南人嗜辣成性，湘菜菜餚不僅少不了「辣椒」，不少湘菜名稱也包含有「辣椒」一詞，如傳統湘菜「麻辣仔雞」「酸辣肚尖」「油辣嫩雞」，口味菜「香辣魚」「香辣蟹」，創新湘菜「醬椒魚頭」「辣味豆腐盒」等。湘菜對「辣椒」的吸收，主要是地理因素的原因：一是湖南溫差大、濕度高，適宜辣椒生長；二是辣椒祛寒去濕，適宜在湖南食用。此外，辣椒融入了湖南人「敢作敢為、堅忍刻苦」的性格特徵，深得湖南人的喜愛。因此，辣椒在湖南得到了很大的發展，並被廣泛地應用在湘菜中。在辣椒引入湖南的三百多年中，湖南人培育出兩百多個各具特色的辣椒品種，如「剁辣椒」「酸辣椒」等。

湘菜反映了湖湘文化「兼收並蓄、博采眾長」之風。湘菜對其他菜系烹飪方法的借鑑，是湘菜不斷進步的重要原因。如「奶湯魚翅」「怪味蠶豆」「醬爆肉片」「爆炒豬肚」等湘菜，即是「兼收」「博采」的得意之作。其中的「奶湯」是魯菜特有的提鮮原料，「怪味」是川菜獨創的味型，「醬爆」「爆炒」的烹調技法也是魯菜創製的。此外，「咖喱仔雞」「石鍋牛排」「魚子醬牛蛙缽」等湘菜新菜品，把西餐中常見的一些原料「咖喱、牛排、魚子醬」等引入到湘菜中，豐富了湘菜的原料和菜品。

一些菜餚的製作獨具新意，這在湘菜名稱中也有所表現，如「臭豆腐燒牛排」「臘八豆蒸豬排」，這兩道菜餚在原料的搭配上就顯得很特別，可謂是「中西合璧」。「臭豆腐」「臘八豆」都是湖南本土的特色食品，而「牛排」「豬排」則是西餐桌上的主食。湘菜廚師秉承著創新的精神，把具有濃厚鄉土氣息的本土原料和西餐原料相結合，創製出了別具風味的湘菜新菜品。湘菜在堅持其傳統特色的基礎上，博采眾長，堅持「拿來主義」，廣泛地吸取其他菜系中具有特色的事物，並融會貫通，豐富發展了湘菜的內涵。

湘菜體現湖湘文化的「經世致用」之風，即理論與實踐相結合以經邦濟世，這是中國儒家的一種優良學風。湘菜經營者即是密切關注現實，把人們的關注熱點融入湘菜文化中，於就餐消費中享受飲食文化。例如當今社會綠色消費觀念深入人心，人們嚮往回歸舒適自在的田園生活。湘菜經營者由此推出綠色鄉土菜，如「田園小炒花枝片」「田園雞」「醬瓜田園菜」「生態小炒」等。[1]

我們以《中國名菜譜・湖南風味》（下簡稱《名菜譜》）一書中收錄的湖南名菜為分析對象，進行分類統計，在量化分析的基礎上總結出湖南名菜風味的主要特色如下。[2]

❶・水產菜居首，禽蛋肉次之

湖南菜中水產菜位居各類菜之首。在《名菜譜》收錄的湖南菜中，水產菜所占比例達24.9%，這與湖南具有豐富的水產資源和悠久的食用水產的傳統是分不開的。湖南擁有一碧萬頃的洞庭湖，並有湘、資、沅、澧四水涵匯於此。得天獨厚的水生條件為湖南人民提供了多種多樣的水產品。早在兩千多年前的《呂氏春秋・本味篇》中就有「魚之美者，洞庭之鱄」的讚美。據初步統計，在充當湖南名菜主料

---

1 蔡宇華：《湘菜名稱研究》，《湖南師範大學》，2007年5月，第1-79頁。

2 謝定源、白力剛：《湖南名菜主要特點的量化分析》，《中國烹飪研究》，1998年3月，第38-43頁。

的100種原料中，水產原料有25種（尚不包括海味類菜中所用6種），其中鱖魚、鮰魚、銀魚、筆魚、龜、甲魚等均是特色原料，在此基礎上產生了「翠竹粉蒸鮰魚」「網油叉燒洞庭鱖魚」「芙蓉鯽魚」「祁陽筆魚」「洞庭金龜」「原汁武陵甲魚」「子龍脫袍」等一系列頗具地方特色的水產名肴。

湖南菜中的禽蛋菜、肉菜地位也比較顯著。禽蛋菜所占比例為20.1%，僅次於水產菜。禽蛋菜選用的原料以雞為最多，其次為鴨、鴿、野雞、野鴨等，代表菜有「東安子雞」「油淋莊雞」「紅煨八寶雞」「麻辣子雞」「一鴨四吃」「花菇無黃蛋」「醬椒胰子白」等。肉菜所占比例為18.3%，位列第三。肉菜選用的原料以豬肉及其內臟為最廣，其次為牛、羊、狗、兔，代表菜有「走油豆豉扣肉」「荷葉粉蒸肉」「湘西酸肉」「黎篙炒臘肉」「寶塔香腰」「髮絲百葉」等。

湖南菜中的植物類菜所占比例為14.8%，位居第四位。湖南省丘陵山地廣佈，盛產各類植物原料，其中包括冬菇、草菇、寒菌、冬筍、湘蓮、香椿等特色原料，代表菜有「冰糖湘蓮」「紅燒寒菌」「油辣冬筍尖」「涼拌香椿」等。山珍海味菜所占比例為10.0%，構成山珍海味菜的原料大多不為湖南所產，而是引進後由湖南人精製成富有湖南特色的名菜，如「紅煨鮑魚」「紅煨刺參」「冰糖燕窩」等。

總體來看，湖南名菜的原料極具地方特色，使湖南菜產生了深厚的鄉土氣息。

❷・傳統菜質樸，新品菜美觀

湖南名菜的形態比較質樸、自然，保持主料自然形狀的整形菜占湖南名菜總數的23.1%，其中只有少數菜進行了藝術造型，較大形狀的塊狀菜占21.4%，形狀精細的絲、糊、茸、丁、粒等所占比例不高，體現了湖南菜追求樸實自然，不事雕鑿修飾，以古拙質樸為美的基本格調。

湖南傳統名菜中造型菜不多，而創新菜卻有明顯變化，開始注重菜餚的形式美，注重花刀、造型與色彩、裝飾。如創新菜「開屏柴把鱖魚」是用鱖魚肉絲等原料製成的一幅造型美觀的孔雀開屏圖，栩栩如生。「葵花蝦餅」則是用蝦茸製成的美麗綻放的葵花。「金魚戲蓮」是將魷魚卷製成活潑可愛的金魚，嬉戲於用雞

▸圖8-4 湖南名菜——臘味合蒸（《中國名菜譜·湖南風味》，中國財政經濟出版社）

蛋、蝦茸、青豆製成的群蓮之中，妙趣橫生，令人目悅心怡。

❸·蒸法居冠，煨炒居亞

湘菜中的蒸製法使用頻率最高在《名菜譜》收錄的229道湘菜名肴中，便有47道菜採用了蒸製法，是應用最廣的製法。湘菜的蒸製法頗有特色，蒸又分為原蒸、粉蒸等。「原蒸」菜餚以雞湯為重要原料，要經過乾蒸、湯蒸兩個階段。「乾蒸」使主料排水去腥，「湯蒸」是在原料碗中加入雞湯，使原料回軟入味，成菜後醇美鮮香。「粉蒸」則是將原料與炒乾碾碎的糯米、粳米拌和蒸製。湖南名菜中的一些品種還輔以荷葉或竹筒，成菜造型獨特，形味兼美。蒸菜代表有「海參蒸盆」「荷葉粉蒸肉」「原蒸肚片」「臘味合蒸」等。

湖南菜的煨製法風貌獨特，獨樹一幟。在湖南名菜中有32道菜餚採用了煨製法。湘菜的煨包括紅煨與白煨兩種，「紅煨」常選用湖南的地方名產醬油做調料，成菜口味濃郁、汁濃紅亮、有醬香，秋冬季節多採用此法；「白煨」是不加或少加醬油等有色調料，成菜質地軟爛、口味清淡，春夏多用之。煨菜的特點是主料突出、原汁原味、質軟湯濃、鮮香醇美。煨菜一般選用能適應長時間加熱、質地韌性較強的原料。23道山珍海味菜餚用煨製法製作的達9種之多。因魚翅、鮑魚、海參、鹿筋等採用其他製法不易表現出最佳風味，這些原料加入雞肉、豬肉後經長

◂圖8-5　湖南名菜——紅燒肉（《中國名菜譜・湖南風味》，中國財政經濟出版社）

時間加熱煨製，其質感滋味更為佳美。煨製法代表菜有「紅煨魚翅」「組庵魚翅」「紅煨八寶雞」「紅煨狗肉」等。

炒製法在湖南名菜中也廣泛使用。在湖南名菜中有34道菜採用了炒製法，使用次數僅次於蒸製法。炒菜多具鮮、嫩、香、辣特點，「麻辣子雞」「湘西酸肉」「冬筍臘肉」「炒血鴨」等都是富有湖南特色的炒制菜餚。

湖南菜還以擅長醃臘煙熏聞名於世。製作酸味食品和煙熏禽畜肉類，是湘西地區飲食的一大特色。代表菜如「乾煎酸肉」「肉末酸豆角」「什錦酸合菜」「湘西酸肉」「冬筍臘肉」「臘味合蒸」等。

❹・酸辣為本，湘韻濃烈

湖南菜以鹹鮮為最基本的味型。在《名菜譜》收錄的229道湖南名菜中，有107道屬鹹鮮味型。從六大類菜餚中鹹鮮味型所占比率看，以山珍海味菜為最高，高達87.3%，其次為其他菜，達55.6%，水產菜達48.8%，植物菜達47.1%，較低的為肉類菜，為28.6%，禽蛋菜是35.9%。說明山珍海味菜、水產菜、植物菜等多突出本味、鮮味。

鹹甜，也是湖南名菜中較有特色的一種味型。湖南名菜中有22道鹹甜味型的菜餚，所占比例僅次於鹹鮮味型的菜餚。此種味型的調製是在鹹鮮味的基礎上用冰糖、砂糖或甜麵醬等調出的甜味，所以具有回味悠久、滋味醇美的特點。

最能體現湘菜韻味的是「酸辣」味。在《名菜譜》收錄的湖南名菜中，有19道菜餚是酸辣味型。湘菜的「酸辣」鄉土味十分濃郁。湘菜除了用食醋和辣椒調製酸辣味外，還常用酸泡菜和朝天椒混合製成酸辣汁，按此法烹製出的酸辣菜者可謂風味獨具。

湘菜重酸辣是與湖南所處的地理位置有直接關係的。湖南地處亞熱帶丘陵，潮濕、溫差大；辣椒可以祛風濕寒熱。另外湘西南山區百姓為了緩解當地缺鹽的情況，則以辣椒當鹽來調味。這些因素使湖南逐漸發展為中國吃辣椒最厲害的幾個省份之一。在吃辣椒的方法上，湖南人比其他地方更勝一籌，湘菜中常以乾辣椒做調料，也生吃。就製作辣椒的技術而言，湖南各地都不同。如常德以炸乾辣椒最為出名，衡陽以竹筒卜辣椒或甘草卜辣椒為代表，綏寧以灌辣椒為特色，長沙則以剁辣椒著稱。另外，酸口味的形成也與氣候有著直接關係。在潮濕悶熱的山區，酸味可以促進食慾，與辣味結合在一起，可減輕辣味的刺激而適口，還有祛風祛濕的功效。

湘菜中的傳統口味保留至今，且發揚光大，許多湘菜新菜品都沿襲了酸辣這種獨特的風味。如「酸辣筆筒魷魚」「酸辣魚絲」「酸辣寒菌」「酸辣涼薯絲」「酸辣蛇丁」等，辣中帶酸，酸中有辣，相輔相成，口感十分適宜，湖南風味突出。

❺．紅黃本色，質感嫩酥

與鄂菜相似，湖南名菜中有44.9%的菜呈其本色，如「蝦仁魚肚」「奶湯生蹄筋」「紙包石榴雞」「君山雞片」「竹蓀玻璃魚片」等紅色菜餚與黃色菜餚合計起來占湖南名肴總數的約一半，稍高於本色菜餚所占比例。紅色代表菜有「紅煨鮑魚」「紅煨八寶雞」「燒烤大方」等。黃色菜餚以「椒鹽兔片」「油燜整雞腿」「桃源銅鎚雞腿」等為代表。

湖南菜的質感以嫩為主，酥、爛突出。在《名菜譜》中，有40.5%的湖南名菜質感為「嫩」，19.1%的湖南名菜質感為「酥」，14.8%呈現出爛的質感。以「嫩」為主是湖南名菜質感的最大特點。

❻．烹飪器皿湘音裊裊

湘菜中不僅以竹器作為飲食盛器，還以竹子作為烹飪器皿製作菜餚，成為湘菜一大特色。早在先秦楚國人就有以竹筒為器皿煮食米飯的習俗，當今，湘菜廚師沿用了古時製作方式，選用新鮮的翠竹筒，盛料後密封，使菜餚融入竹子的淡淡清香，極富鄉土氣息。湘菜還有用荷葉、樹葉包裹食物的方式。如「荷葉粉蒸排骨」「荷葉粉蒸牛肉」「荷葉糯米雞」「荷葉軟蒸魚」「荷葉粉蒸鴨」等，都是用荷葉作為烹製器皿。

洞庭湖地區也有專門吃魚的飲食器具，如「甎缽爐子」就是湖區居民在長久吃魚鮮的過程中發明出來的，可以邊煮邊吃，食物滾熱鮮嫩，深受湖區居民的喜愛。這種陶製的甎缽、砂鍋或金屬小鍋。如今為湘菜製作而大量使用，並形成「缽子菜」系，如「神仙缽子」「蝦仁蘿蔔絲缽子」「茶熏水魚燉野藕缽子」「三杯鴨缽子」「鯉魚燉皮蛋缽子」等。

三、香辣為魄，剛柔相濟的贛菜

贛菜又稱江西菜，鄉土味濃，主要由南昌、贛州和九江等地方流派組成。其主要風味特色是：選料嚴謹、製作精細、原汁原味、油厚不膩、口味濃厚、鹹鮮兼辣、辣味適中，南北皆宜，具有廣泛的適應性。[1]其中，南昌菜餚講究配色、造型。九江有潯陽魚席，菜品色重油濃，口感肥厚，喜好辣椒。江西山區講究火功，菜餚豐滿樸實、注重原味。經過長期發展，贛菜逐漸形成了獨特的風格。一九六四年中國財政經濟出版社出版的《中國名菜譜》上收錄了大量的贛菜。一九八六年江西科學技術出版社出版的《江西名菜譜》收錄了肉菜、水產菜、禽蛋菜、野味菜、甜菜、素菜、豆腐菜、其他菜等各種菜品共209個。此外，還有大量的民間菜未及整理。

1 王俊暐：《關於贛菜振興問題的學術探討——「贛文化背景下的贛菜文化與經營研討會」綜述》，《企業經濟》，2008年第5期，第144-146頁。

▸圖8-6　江西贛南春節食俗—打黃元米餜（CCTV.com，項火攝影）

在原料選取上，贛菜崇尚綠色、生態、健康理念，菜品鄉土氣息濃。江西生態環境好，取自本土的原料綠色健康，如鄱陽湖的藜蒿、井岡山的竹筍、軍山湖的大閘蟹、餘干的辣椒等。贛菜選料嚴謹精細，要求鮮活，部位取用，分檔取料。以小炒魚為例，要求鮮活鯇魚，重一斤半左右，只取肚皮上無骨的那一塊。要求魚不能大，大則肉粗，小則過嫩。江西著名的風味菜點有：豫章酥雞、五元龍鳳湯、三杯仔雞、瓦罐湯、香質肉、冬筍乾燒肉、藜蒿炒臘肉、原籠船板肉、潯陽魚片、炸石雞、興國豆腐、米粉牛肉、金線吊葫蘆、信豐蘿蔔餃、樟樹包麵、黃元米餜、米粉蒸肉、豆泡燒肉、八寶飯、井岡山煙筍、南昌獅子頭、南昌炒粉、南安板鴨、貴溪捺菜、宜豐土雞等。

贛菜烹飪技法多種多樣，注重火候，以燒、燜、燉、蒸、炒等製法見長。其中「粉蒸」是一特色，比如粉蒸肉、粉蒸大腸。贛菜在質感上，講究原汁鮮味，酥、爛、脆，油而不膩。在刀工處理上，要求厚薄均勻，長短一致。配料時注重營養成分的搭配和利用藥膳的營養原則。菜成後，注重選配盛具，講求裝盤的造型美，並適當選用異形盤，引起人們的食慾。

江西有近山靠水的地理環境和氣候特點，雨季長，降水量大，濕氣重，因此贛人飲食口味喜香辣，偏鹹鮮，味道重。

由於江西民風的包容性，菜品風格也多姿多彩，受到周邊省份菜系風格的影響，使贛菜顯現出海納百川的特點。如南部的贛州受到廣東客家菜的薰陶，北面的九江有鄂菜和徽菜的影子，婺源更是承襲了徽菜的傳統，進而影響整個贛菜體系。

第四節　食品工業與餐飲業的發展

一、長江中游地區食品工業的發展

❶．湖北食品工業的發展

新中國成立以後，特別是改革開放以來，湖北的食品工業呈現出快速發展的勢頭。

食品工業的產品質量明顯提高，形成了一批優勢品牌。湖北省廣泛推廣標準化生產和健康養殖，加大了食品監管的力度，切實保障農產品質量的安全。全省綠色食品品牌數在全國位居第2位，優質稻、麥占75%，優質豬、禽、魚比例達70%。

食品工業的產業鏈不斷延伸，形成了一批特色經濟板塊。例如，湖北推行種植建板塊、畜牧業建小區、水產建片帶，分別重點建設了46個糧食大縣、20個油菜大縣、10個茶葉大縣、30個畜牧大縣、26個水產大縣。同時，圍繞農產品精深加工，不斷延伸產業鏈。各地新上一批米乳、飴糖、玉米漿、米糠油、方便飯、方便粥、方便米線、方便糕點等深加工項目。[1]

幾十年來，湖北省的食品工業獲得了長足的發展。

❷．湖南食品工業的發展

1　葛天平：《發揮湖北資源優勢打造食品工業大省》，《當代經濟雜誌》，2008年第10期，第12-13頁。

湖南省農產品資源豐富，圍繞這一資源優勢，湖南省重點發展了精深加工業，逐漸形成了糧食加工業、畜禽肉類加工業、食用植物油加工業等一批優勢產業，產業規模不斷擴大，出現了生產持續快速的增長。

全省食品產業年均增長40%以上。全省稻穀產量居全國首位；生豬出欄居全國第2位；茶葉產量居全國第6位；淡水產品產量居全國第5位；油料、柑橘、蔬菜等農產品產量也居全國前列。

省內各食品企業不斷成長壯大，品牌建設力度不斷加大。全省共有食品工業企業近兩萬家，其中較有規模的食品工業企業有一千多家，並形成了一批品牌群，如已擁有了「中國名牌產品」「中國馳名商標」「湖南名牌產品」「省著名商標」等諸多的榮譽稱號，[1]成為食品工業發展的標誌。

❸．江西食品工業的發展

新中國成立後，特別是改革開放以來，江西省各地將食品工業當作一項重要的基礎產業來發展，發展環境不斷改善，產業地位不斷提升。

江西省創造了良好的政策環境促進了食品工業的快速發展。改革開放30多年來，全省食品工業經濟效益大幅提高，30年累計實現稅利近460億元，是一九八〇年的40倍。特別是進入二十一世紀以來，全省規模以上的食品企業實現利稅跨越式增長，年均增幅達到19.7%，成為財政收入的重要來源。

江西省的科技創新成效顯著，產品技術含量和質量不斷提高。依託全省食品工業科研院校的力量和食品工業專家網絡，大力推進產、學、研一體化，科、工、貿一條龍，推進企業技術開發和創新。特別是近幾年來，全省食品行業通過大力推廣農產品採後保鮮、保藏技術，現代生物技術、真空濃縮技術、微膠囊技術、膜分離技術、真空凍乾技術、超高壓技術、基因工程技術等現代技術，使全省食品工業產品科技含量不斷提高，競爭力不斷提升。

1　「2010湖南食品加工及機械展覽會」宣傳部：《湖南食品產業發展現狀及十一五食品工業發展規劃》，2010年6月10日。

江西省的食品工業結構調整成效顯著，方便食品、綠色食品快速發展。改革開放初期，全省食品生產企業主要分布在鹽加工、糧油加工、罐頭加工、製糖、卷煙、白酒、啤酒等幾個行業，生產規模都比較小。如今，全省食品工業已成長為農副食品加工業、食品製造業、飲料製造業、菸草製品業四大行業。方便食品、速凍食品、綠色食品、有機食品等也迅速發展起來，且勢頭強勁。[1]

二、長江中游地區餐飲業的發展

❶ · 湖北武漢餐飲業從緩慢發展到迅速崛起

自一九七八年的改革開放以來，湖北省的餐飲企業煥發了青春，飲食業重新劃為酒樓、餐廳、專業風味小吃店、經濟飯館、熟食麵點館5種類型，並逐步恢復了各幫風味。二十世紀八〇年代，各類餐館營業活躍，競爭激烈，各自發揮優勢，滿足不同層次的飲食消費需要。呈現出以鄂菜為中心，各幫風味競相發展的經營特色。

但這一時期，出現了一些「老字號」餐館的衰敗。老字號餐館往往擁有世代傳承的技藝或服務，具有鮮明的中華民族傳統文化背景和深厚的文化底蘊，取得社會廣泛認同，形成良好的信譽品牌。但是，自二十世紀八〇年代中期以後，老字號在洋快餐和現代餐飲業的衝擊下節節敗退、衰落甚至消亡。這與市民食品消費結構、生活方式的變化有關，也與企業機制不合理有關。這一時期，武漢的四季美湯包、大中華武昌魚、小桃園雞湯等逐漸被人們淡忘。數據表明，這個時間段的諸多「老字號」，勉強維持現狀的占70％；長期虧損、面臨倒閉、破產的占20％；有一定規模、效益好的則很少。

改革開放以後，湖北的西餐業快速發展，特別是武漢地區更為顯著，數百家

1　江西省食品工業辦公室：《改革開放30年江西食品工業發展成就和未來思路》，《食品在線》，2008年12月29日。

西餐企業遍地開花，餐廳種類有：西式正餐、西式快餐、酒吧、咖啡廳、茶餐廳等，同時還有日餐、韓餐及東南亞餐。

這些西餐業有著一些很值得中餐學習的特點：

例如，網點發展非常迅速。基本遍佈武漢、江岸、江漢、武昌等區，發展速度快，觸角長，從高檔到中檔到低檔，從傳統的西餐到便餐、茶餐同時出現，多種業態在西餐企業中發展的相當豐富，而且每種業態都有相當一部分的消費群在追捧，使西餐的消費出現了多層次、多品種的局面，表現出了十分活躍的生命力。

西餐業的連鎖化推進了它的品牌效應。西餐很多企業是靠品牌、靠連鎖迅速發展起來的，西餐企業一進入武漢地區市場，即以現代化的風格與形式推進。使西餐企業很快進入相對的成熟階段，這對企業的經營以及對品牌的附加值產生了非常好的作用。

武漢地區的西餐業有一支高素質的服務、管理人員隊伍，從品牌包裝到環境營造以及菜品製作，都對從業人員提出了更高的要求。

這些西餐店的文化包裝創造了重要的附加值。與中餐不同，西餐店的菜點品種並不多，它不是靠品種繁多的菜點來吸引客人，而更重視營造一種文化。文化包裝創造了豐厚的附加值。

西餐店的產品標準化，以及注重營養衛生。一些西餐連鎖店從一建店就考慮了中心廚房、配送和產品標準化，西餐企業一起步就在一個很高的起點上。西餐企業從進貨到廚房，從原料選擇到製作，從營養搭配到出品大都遵循西方傳統的衛生營養原則，突出衛生和安全原則也吸引著很多高層次的消費群體。

西餐店的本土化成為重要的賣點。武漢的西餐正視所售產品要面向武漢的消費者，不斷打造賣點，贏得了諸多的消費者，創下了不菲的企業效益。[1]

❷ · 湖南餐飲業異軍突起

1　涂水前：《武漢西餐市場現狀與發展》，《武漢商界》，2006年5月，第38-40頁。

改革開放以來，湖南將湘菜餐飲業作為重要產業抓，湖南省政府下發了《關於加快發展湘菜產業的意見》，從制定湘菜產業發展規劃、完善湘菜產業體系、加快規範化和標準化進程、著力打造品牌、加大資金扶持、加快人才培養等方面明確了16條要求，此外，還制定了首個地方標準《湘菜基本術語、分類與命名》，在全國開創了菜系標準化先河。

湖南積極實施餐飲業品牌戰略，打造餐飲航母。積極吸引外來資本和民間資本進入餐飲產業；開展「振興老字號工程」；評選認定名菜、名店、名廚；使湖南一些餐飲企業不斷壯大。

湖南省注重挖掘傳統餐飲文化，他們將建築設計、店堂佈置、人員著裝、器皿菜名和烹飪方法等都用一種有鮮明特色的文化觀念統一起來，以走出一條經營新路。餐飲文化建設貫徹了以人為本、人與自然和諧相處的理念。多以弘揚文化為主題，用文化精華元素豐富湘菜底蘊。

長沙餐飲業的競爭重在口味，現已形成三條富有特色的飲食街，產生了規模效應。近年來，湘菜產業蓬勃發展，在全國，湘菜的影響力和輻射力大幅向前躍升，形成了較好的產業發展環境，湧現了一批知名的龍頭企業，形成了一些特色鮮明的原輔材料基地。

❸．江西餐飲業從低潮到快速發展[1]

江西的餐飲業同樣經歷了從新中國成立初期到改革開放前的一段曲折，南昌的發展狀況是整個江西的縮影。

自一九七八年改革開放以後，國民經濟逐步走上正軌。文革期間南昌市被取消的飲食網點逐步得到恢復，並重新出現了集體、個體飲食店，逐步形成了以國有飲食店為主體，集體、個體飲食店為輔的格局，方便了市民在外就餐的需求。

從二十世紀九〇年代開始，造就了一些私營餐飲新銳，這一時期國有餐飲經濟

1　顧筱和：《1978年以來南昌餐飲經濟的變遷與趨勢》，南昌大學碩士論文，2006年6月，第1-45頁。

出現了衰退，私營和個體餐飲經濟則得到快速的發展。

二〇〇一年以後南昌市餐飲經濟進入飛速發展時期。這一時期餐館數量的增長快、餐館規模的擴張快、餐館的投資增長快。

南昌餐飲市場的快速增長，吸引了不少外地的餐飲企業進駐南昌，如川菜、湘菜、杭幫菜、粵菜等。這一時期，許多新的經營方式、管理模式被引入，受到了市場的歡迎。

南昌餐飲業注重把餐飲與文化日趨緊密的結合，不斷提升企業文化內涵。一是增強就餐環境的文化內涵；二是提高員工的文化素質；三是增強飲食產品本身的文化內涵。如民間飯莊主推民間瓦缸煨湯，這是來自江西民間傳統的煨湯方法，以瓦罐為器，配以各種食物，加入天然礦泉水，置入直徑1米左右的大瓦缸內，以硬質木炭火恆溫煨7小時以上而成。又如「豫章十景」宴，即是以南昌市著名的十大風景名勝為主題，選用江西特產原料，運用贛菜獨特的烹調方法，大膽創製出的宴席，構思巧妙，寓意於景。

但總體來看，南昌的餐飲業與國內餐飲發達的城市比較，無論是在企業規模、營銷手段上還是管理方法、服務意識上都存在著一些差距。

❹．長江中游地區餐飲業的發展態勢

改革開放30多年以來，長江中游地區餐飲市場的傳統格局已被打破，可謂烽煙四起、群雄逐鹿，餐飲大潮洶湧澎湃，並呈現出如下特點。

（1）發展迅速，競爭激烈　隨著經濟的發展，城鄉人均收入持續增加，市場更加活躍，需求漸旺，餐飲業的發展仍有很大的空間。目前，餐飲市場競爭已進入到白熱化的程度。一些餐館不久前還人氣很旺，轉眼間便銷聲匿跡了，人們不禁發出了「紅顏何以如此薄命」的感嘆。近幾十年，長江中游地區的餐飲業經歷了菜品風味戰、價格戰，現在已步入到品牌戰階段。品牌戰是市場競爭的一次跳躍與升級，品牌經營是從技術、菜品質量、服務、餐飲環境、企業文化等諸多方面協同作用，打造出企業良好的整體型象。品牌大戰將是未來餐飲競爭的一個顯著特點。

（2）飲食觀念與審美情趣在轉變　當今中國餐飲潮流的主旋律已經是營養與品位相結合的新曲調，人們在滿足溫飽後，正步入小康、邁向富裕，開始追求飲食享受、講究科學膳食、注重節省時間、崇尚新口味，從而給餐飲業帶來巨大的變革空間。

（3）餐飲市場呈現以大眾化為主、高中低檔並存的格局　中國餐飲曾經是少數人的高消費與絕大多數人的低消費。直到改革開放初期，由於集團消費過熱，仍在一定程度上出現過盲目追求高檔的傾向。隨著普通百姓消費水平的提高，個人消費、工薪階層逐漸成為了餐飲消費的主體。一些「貴族化」酒樓也頗感「高處不勝寒」，轉而開始面向尋常百姓。一些餐飲「新字號」更是高舉「工薪消費」大旗，生意做得分外紅火。

（4）連鎖化、集團化的步伐加快　在中國改革開放之初，大家紛紛撤牆開店，在淺水經濟條件下，一條小船摸著石頭也能過河。但隨著餐飲競爭加劇，市場進入深水經濟時期，市場成為「汪洋大海」，便需要大船甚至「航空母艦」。企業進行連鎖和集團化後方能抵禦大風大浪，增強抗風險的能力，實現規模化效益。因此，餐飲企業的單兵作戰開始向連鎖化、集團化發展。

（5）企業特色和個性化經營更加明顯　傳統的名餐館，往往是綜合性菜館，他們以全面經營整個「菜系」的菜品為己任。特色不僅來自菜品風味，而且滲透在獨特的餐館名稱、餐廳裝飾和餐飲服務等諸多因素之中。

（6）餐飲業由傳統管理方式向現代管理制度轉化　市場競爭加劇，市場經濟優勝劣汰的運行法則要求企業實行「法制」。在此大背景下，餐飲企業紛紛改制或引入現代管理制度。依法治企，建立科學民主的現代企業制度，健全企業管理規章，實行規範化現代管理已成為一種不可抗拒的潮流。

（7）既講餐飲藝術，又重視餐飲科學　營養保健、平衡膳食、清潔衛生、科學加工將提到更加重要的地位。中國餐飲業要進軍國際市場必須先過營養及衛生安全關。餐廳設計既講究科學合理，又追求美學意境；餐飲服務既講規範，又講究技巧；餐飲管理既講原則，按規章制度辦事，又以人為本，重視啟發與激勵等管理藝術。

長江中游地區的餐飲業既突出地方特色，又兼收並蓄。形成了一股發掘傳統菜，創製新品菜，大膽引進外地風味菜加以雜交改良的熱潮。富有濃郁地方特色的菜點不斷推陳出新，就連黴豆渣、泡菜、魚皮雞雜等也被製成風味菜餚登上了「大雅之堂」。湘鄂贛風味美食以其獨特的地方特色享譽海內外，長江中游地區的餐飲業前景無限美好。

參考文獻※

一、歷史文獻

〔1〕《十三經注疏》整理委員會．論語．十三經注疏本．北京：中華書局，1980．

〔2〕《十三經注疏》整理委員會．禮記．十三經注疏本．北京：中華書局，1980．

〔3〕《十三經注疏》整理委員會．左傳．十三經注疏本．北京：中華書局，1980．

〔4〕韓非．韓非子．諸子集成本．北京：中華書局，1980．

〔5〕莊子．諸子集成本．北京：中華書局，1980．

〔6〕劉向．戰國策．上海：上海古籍出版社，1985．

〔7〕呂不韋．呂氏春秋．諸子集成本．北京：中華書局，1980．

〔8〕管子．諸子集成本．北京：中華書局，1980．

〔9〕史游．急就篇．長沙：岳麓書社，1989．

〔10〕司馬遷．史記．北京：中華書局，1982．

〔11〕班固．漢書．北京：中華書局，1962．

〔12〕班固．白虎通．上海：上海古籍出版社，1992．

〔13〕劉熙．釋名．上海：上海古籍出版社，1989．

〔14〕劉安，等．淮南子．顧遷，譯註．北京：中華書局，2009．

〔15〕桓寬．鹽鐵論．北京：中華書局，2005．

〔16〕許慎．說文解字．北京：中華書局，1980．

〔17〕陳壽．三國志．北京：中華書局，1959．

〔18〕葛洪．抱朴子．諸子集成本．北京：中華書局，1986．

〔19〕范曄，司馬彪．後漢書．北京：中華書局，1965．

〔20〕沈約．宋書．北京：中華書局， 1974．

〔21〕劉義慶．世說新語．北京：中華書局，2004．

〔22〕蕭統．文選．北京：中華書局，1977．

※ 編者註：本書「參考文獻」，主要參照中華人民共和國國家標準GB/T 7714-2005《文後參考文獻著錄規則》著錄。

〔23〕宗懍，習鑿齒．荊楚歲時記．譚麟，譯註．//襄陽耆舊記校注．舒焚，張林川，校注．武漢：湖北人民出版社，1999．
〔24〕酈道元．水經注．北京：中華書局， 2009．
〔25〕賈思勰．齊民要術校釋．繆啟愉，校釋．北京：農業出版社，1982．
〔26〕白居易．白氏長慶集．上海：上海古籍出版社，1994．
〔27〕段成式．酉陽雜俎．四部叢刊本．上海：上海書店，1985．
〔28〕房玄齡．晉書．北京：中華書局，1974．
〔29〕李吉甫．元和郡縣圖志．北京：中華書局，1983．
〔30〕陸羽．茶經．叢書集成初編本．北京：中華書局，2010．
〔31〕李肇．唐國史補．上海：上海古籍出版社，1979．
〔32〕孟詵，張鼎．食療本草．北京：人民衛生出版社，1984．
〔33〕孫思邈．備急千金要方．北京：人民衛生出版社，1955．
〔34〕姚思廉．梁書．北京：中華書局，1973．
〔35〕劉昫，等．舊唐書．北京：中華書局，1975．
〔36〕高承．事物紀原．四庫全書本．北京：商務印書館，2005．
〔37〕歐陽修，宋祁．新唐書．北京：中華書局，1975．
〔38〕司馬光．資治通鑑．北京：中華書局，1976．
〔39〕李昉．太平廣記．北京：中華書局，1961．
〔40〕李昉．太平御覽．北京：中華書局，1960．
〔41〕陸游．老學庵筆記．北京：中華書局，1979．
〔42〕羅大經．鶴林玉露．北京：中華書局，1983．
〔43〕歐陽修．文忠集．四庫全書本．北京：商務印書館，2005．
〔44〕沈括．夢溪筆談．上海：上海出版公司，1956．
〔45〕蘇軾．東坡全集．四庫全書本．北京：商務印書館，2005．
〔46〕蘇軾．蘇軾集．北京：國際文化出版公司，1997．
〔47〕陶穀．清異錄．北京：中國商業出版社，1985．
〔48〕林洪．山家清供．叢書集成初編本．北京：中華書局，2010．
〔49〕忽思慧．飲膳正要．四部叢刊本．上海：上海書店，1985．
〔50〕陶宗儀．南村輟耕錄．北京：中華書局，1959．
〔51〕陶宗儀．說郛．上海：上海古籍出版社，1988．

〔52〕脫脫，等．宋史．北京：中華書局，1985．
〔53〕王禎．農書．北京：商務印書館，2005．
〔54〕佚名．居家必用事類全集．上海：上海古籍出版社，1995．
〔55〕宋濂．元史．北京：中華書局，1976．
〔56〕徐光啟．農政全書 ．長沙：岳麓書社，2002．
〔57〕李時珍．本草綱目．北京：人民衛生出版社，1985．
〔58〕新城縣志．刻本影印，1516年（明正德十一年）．
〔59〕茶陵州志．刻本影印，1525年（明嘉靖四年）．
〔60〕蘄州志．刻本影印，1530年（明嘉靖九年）．
〔61〕常德府志．刻本影印，1535年（明嘉靖十四年）．
〔62〕永豐縣志．刻本影印，1544年（明嘉靖二十三年）．
〔63〕張廷玉，等．明史．北京：中華書局，1974．
〔64〕劉基．多能鄙事．上海：上海古籍出版社，1995．
〔65〕曹寅，等．全唐詩．北京：中華書局，1960．
〔66〕陳夢雷．古今圖書集成．北京：中華書局．成都：巴蜀書店，1985．
〔67〕陳世元．金薯傳習錄．北京：農業出版社，1982．
〔68〕吳其浚．植物名實圖考．北京：商務印書館，1957．
〔69〕徐珂．清稗類鈔．北京：中華書局，1984．
〔70〕徐松輯．宋會要輯稿．影印本．國立北平圖書館，1936（民國二十五年）．
〔71〕薛寶辰．素食說略．北京：中國商業出版社，1984．
〔72〕袁枚．隨園食單．南京：江蘇古籍出版社，2000．
〔73〕高濂．遵生八箋．成都：巴蜀書社，1988．
〔74〕范鍇．漢口叢談//江浦，等．漢口叢談校釋．武漢：湖北人民出版社，1990 ．
〔75〕葉調元．漢口竹枝詞校注．徐明庭，馬昌松，校注．武漢:湖北人民出版社，1985．
〔76〕湖廣通志．刻本，1733年（清雍正十一年）．
〔77〕襄陽府志．刻本，1760年（清乾隆二十五年）．
〔78〕沅江府志．刻本影印，1757年（清乾隆二十二年）．
〔79〕永順府志．刻本，1763年（清乾隆二十八年）．
〔80〕辰州府志．刻本，1765年（清乾隆三十年）．
〔81〕龍泉縣志．刻本影印，1771年（清乾隆三十六年）．

〔82〕善化縣志·刻本，1818年（清嘉慶二十三年）·
〔83〕永州府志·刻本，1828年（清道光八年）·
〔84〕施南府志·刻本，1834年（清道光十四年）·
〔85〕蒲圻縣志·刻本，1840年（清道光二十年）·
〔86〕建始縣志·刻本，1842年（清道光二十二年）·
〔87〕寶慶府志·刻本，1849年（清道光二十九年）·
〔88〕咸豐縣志·刻本，1865年（清同治四年）·
〔89〕宜昌府志·刻本，1866年（清同治五年）·
〔90〕來鳳縣志·刻本，1866年（清同治五年）·
〔91〕長陽縣志·刻本，1866年（清同治五年）·
〔92〕歸州志·刻本，1866年（清同治五年）·
〔93〕宜城縣志·刻本，1866年（清同治五年）·
〔94〕通城縣志·活字本，1867年（清同治六年）·
〔95〕恩施縣志·刻本，1868年（清同治七年）·
〔96〕通山縣志·活字本，1868年（清同治七年）·
〔97〕房縣志·刻本，1865年（清同治四年）·
〔98〕南安府志·刻本，1868年（清同治七年）·
〔99〕鄖陽志·刻本，1870年（清同治九年）·
〔100〕攸縣志·刻本，1871年（清同治十年）·
〔101〕桑植縣志·刻本，1872年（清同治十一年）·
〔102〕永順府志·刻本，1873年（清同治十二年）·
〔103〕酃縣志·刻本，1873年（清同治十二年）·
〔104〕贛州府志·刻本，1873年（清同治十二年）·
〔105〕義寧州志·刻本，1873年（清同治十二年）·
〔106〕會同縣志·刻本影印，1876年（清光緒二年）·
〔107〕龍山縣志·刻本，1878年（清光緒四年）·
〔108〕江西通志·刻本，1881年（清光緒七年）·
〔109〕黃州府志·刻本，1884年（清光緒十年）·
〔110〕武昌縣志·刻本，1885年（清光緒十一年）·
〔111〕湖南通志·刻本，1885年（清光緒十一年）·

〔112〕黃安鄉土志・鉛印本，1809年（清宣統元年）・
〔113〕湖北通志・刻本，1911（清宣統三年）・
〔114〕日本東亞同文會・支那省別全檔・江西省：第2編，1918(民國七年)・
〔115〕佚名・長沙市公安局十九年下期業務概況報告書//湖南政治年鑑，1930（民國十九年）.
〔116〕國民政府實業部上海商品檢驗局・江西之茶，1932（民國二十一年）・
〔117〕劉世超・湖南之海關貿易//湖南經濟調查所叢刊・1934（民國二十三年）・
〔118〕中央銀行經濟研究處・華茶對外貿易之回顧與前瞻・商務印書館，1935（民國二十四年）・
〔119〕佚名・江西米穀運銷調查報告//江西省農業院：專刊第4號，1937（民國二十六年）.

二、當代著作

〔1〕黑格爾・歷史哲學・王造時，譯・北京：三聯書店，1956・
〔2〕顧頡剛・中國古代地理名著選讀：第1輯・禹貢，註釋・北京：科學出版社，1959・
〔3〕辛樹幟・禹貢新解・北京：農業出版社，1964・
〔4〕湖南農學院，等・長沙馬王堆一號漢墓出土動植物標本研究・北京：文物出版社，1978・
〔5〕睡虎地秦墓竹簡整理小組・睡虎地秦墓竹簡・北京：文物出版社，1978・
〔6〕恩格斯・經濟學手稿//馬克思恩格斯全集・北京：人民出版社，1979・
〔7〕梁方仲・中國歷代戶口、田地、田賦統計・上海：上海人民出版社，1980・
〔8〕何浩・楚文化新探・武漢：湖北人民出版社，1981・
〔9〕郭寶鈞・商周銅器群綜合研究・北京：文物出版社，1981・
〔10〕中國科學院《中國自然地理・歷史自然地理》編輯委員會・中國自然地理・歷史自然地理・北京：科學出版社，1982・
〔11〕陳敦義，胡積善・中國經濟地理・北京：中國展望出版社，1983・
〔12〕武漢地方志編纂委員會・武漢食品雜貨商業志・酒業（未刊稿），1984・
〔13〕中國社會科學院考古研究所・新中國的考古發現和研究・北京：文物出版社，1984・
〔14〕譚其驤・中國歷史地圖集：1-8冊・北京：地圖出版社，1985・

〔15〕姜亮夫．楚辭通故．濟南：齊魯書社，1985．
〔16〕胡煥庸，張善余．中國人口地理下冊．上海：華東師範大學出版社，1986．
〔17〕中國大百科全書出版社編輯部，中國大百科全書總編輯委員會，《考古學》編輯委員會．中國大百科全書•考古卷．北京：中國大百科全書出版社，1986．
〔18〕馬克思．資本論．北京：人民出版社，1986．
〔19〕曾非祥．湖北近代經濟貿易史料選輯：4．武漢：湖北省志貿易志編輯室，1986．
〔20〕潘新藻．湖北省建制沿革．武漢：湖北人民出版社，1987．
〔21〕中華人民共和國民政部．中華人民共和國縣級以上行政區劃沿革．北京：測繪出版社，1987．
〔22〕王世襄．中國古代漆器．北京：文物出版社，1987．
〔23〕湖南省蔬菜飲食服務公司．中國名菜譜•湖南風味．北京：中國財政經濟出版社，1988．
〔24〕馬之驌．中國的婚俗．長沙：岳麓書社，1988．
〔25〕馬承源．中國青銅器．上海：上海古籍出版社，1988．
〔26〕曾縱野．中國飲饌史：第1卷．北京：中國商業出版社，1988．
〔27〕張正明．楚文化志．武漢：湖北人民出版社，1988．
〔28〕鄧子琴．中國風俗史．成都：巴蜀書社．1988．
〔29〕湖北省博物館．曾侯乙墓：上冊．北京：文物出版社，1989．
〔30〕牟發松．唐代長江中游的經濟與社會．武漢：武漢大學出版社，1989．
〔31〕武漢地方志編纂委員會．武漢市志•商業志．武漢：武漢大學出版社，1989．
〔32〕姚偉鈞．中國飲食文化探源．南寧：廣西人民出版社，1989．
〔33〕杜福祥，謝幗明．中國名食百科．太原：山西人民出版社，1988．
〔34〕後德俊．楚國科學技術史稿．武漢：湖北科學出版社，1990．
〔35〕吳永章．湖北民族史．武漢：華中理工大學出版社，1990．
〔36〕汪受寬．讀史基礎手冊．長春：吉林文史出版社，1990．
〔37〕楊蒲林，皮明庥．武漢城市發展軌跡．天津：天津社會科學出版社，1990．
〔38〕丁世良，趙放．中國地方志民俗資料彙編•中南卷：上．北京：書目文獻出版社，1990．
〔39〕趙榮光．中國飲食史論．哈爾濱：黑龍江科學技術出版社，1990．
〔40〕宋兆麟，李露之．中國古代節日文化．北京：文物出版社，1991．

〔41〕丁世良，趙放·中國地方志民俗資料彙編·華東卷：中·北京：書目文獻出版社，1992·

〔42〕王會昌·中國文化地理·武漢：華中師範大學出版社，1992·

〔43〕王玲·中國茶文化·北京：中國書店，1992·

〔44〕中國烹飪百科全書編輯委員會中國大百科全書編輯部·中國烹飪百科全書·北京：中國大百科全書出版社，1992·

〔45〕王森泉，屈殿奎·黃土地風俗風情錄·太原：山西人民出版社，1992·

〔46〕許懷林·江西史稿·南昌：江西高校出版社，1993·

〔47〕王仁湘·飲食與中國文化·北京：人民出版社，1993·

〔48〕王學泰·華夏飲食文化·北京：中華書局，1993·

〔49〕中國中長期食物發展研究所·中國中長期食物發展戰略·北京：農業出版社，1993·

〔50〕宋公文，張君·楚國風俗志·武漢：湖北教育出版社，1995·

〔51〕張志文·中外食品發展概況統計·北京：中國物資出版社，1995·

〔52〕龔勝生·清代兩湖農業地理·武漢：華中師範大學出版社，1996·

〔53〕姚偉鈞·中國傳統飲食禮俗研究·武漢：華中師範大學出版社，1999·

〔54〕季羨林·中華蔗糖史·北京：經濟日報出版社，1997·

〔55〕謝定源·新概念中華名菜譜湖北名菜·北京：中國輕工業出版社，1999·

〔56〕趙榮光，謝定源·飲食文化概論·北京：中國輕工業出版社，2000·

〔57〕陳詔·中國饌食文化·上海：上海古籍出版社，2001·

〔58〕何介鈞·馬王堆漢墓·北京：文物出版社，2004·

〔59〕王仁湘·往古的滋味——中國飲食的歷史與文化·濟南：山東畫報出版社，2006·

〔60〕王美英·明清長江中游地區的風俗與社會變遷·武漢：武漢大學出版社，2007·

〔61〕謝定源·中國飲食文化·杭州：浙江大學出版社，2008·

三、期刊、論文

〔1〕楊聯陞·漢代丁中、稟給、米粟、大小石之制·國學季刊：7卷，1950（1）·

〔2〕王仲殊·漢代物質文化略說·考古通訊，1956（1）·

〔3〕丁疑·漢江平原新石器時代紅燒土中的稻穀殼考查·考古學報，1959（4）·

〔4〕湖南省博物館．長沙兩晉南朝隋墓發掘報告．考古學報，1959（3）．
〔5〕高至喜．長沙烈士公園3號木槨墓清理簡報．文物，1959（10）．
〔6〕加藤繁．中國稻作的發展——特別是品種的發展//中國經濟史考證：卷3．吳傑譯．北京：商務印書館，1959．
〔7〕周世榮，文道義．57•長•子17號墓清理簡報．文物，1960（1）．
〔8〕江西省博物館考古隊．江西靖江晉墓．考古，1962（4）．
〔9〕李文漪．湖南洞庭層泥炭的孢粉分析及其地質時代和古地理問題．地理學報，1962（3）．
〔10〕高至喜．記長沙、常德出土弩機的戰國墓——兼談有關弩機、弓矢的幾個問題．文物，1964（6）．
〔11〕湖北省博物館．武漢地區四座周朝紀年墓．考古，1965（4）．
〔12〕湖北省文物管理委員會．湖北均縣「雙冢」清理簡報．考古，1965（12）．
〔13〕湖南省博物館．長沙南郊的兩晉南朝隋代墓葬．考古，1965（5）．
〔14〕江西文管會．南昌老福山西漢木槨墓．考古，1965（6）．
〔15〕王儒林．河南桐柏發現周代銅器．考古，1965（7）．
〔16〕湖北省文化局文物工作隊．湖北江陵三座楚墓出土大批重要文物．文物，1966（5）．
〔17〕湖北省文物管理委員會．湖北隨縣唐城漢魏墓清理．考古，1966（2）．
〔18〕湖北省文物管理委員會．武昌東北郊六朝墓清理．考古，1966（1）．
〔19〕湖北省文物管理委員會．湖北隨縣塔兒灣古城崗發現漢墓．考古，1966（3）．
〔20〕史樹青．關於絲織品：座談長沙馬王堆一號漢墓．文物，1972（9）．
〔21〕高耀亭．馬王堆一號漢墓隨葬品中供食用的獸類．文物，1973（9）．
〔22〕長江流域第二期文物考古工作人員訓練班．湖北江陵鳳凰山西漢墓發掘簡報．文物，1974（6）．
〔23〕湖南省博物館中國科學考古研究所．長沙馬王堆二、三號漢墓發掘簡報．文物，1974（7）．
〔24〕江西省歷史博物館．江西南昌晉墓．考古，1974（6）．
〔25〕江西省博物館．湖北江陵鳳凰山西漢墓發掘簡報．文物，1974（6）．
〔26〕王開發．南昌西山洗藥湖炭的孢粉分析．植物學報：第16卷，1974（1）．
〔27〕紀南城鳳凰山168號漢墓發掘整理組．湖北江陵鳳凰山168號漢墓發掘簡報．文物，1975（9）．

〔28〕余家棟．江西新建清理兩座晉墓．文物，1975（3）．
〔29〕吉林大學歷史系考古專業赴紀南城開門辦學小分隊．鳳凰山一六七號漢墓遣冊考釋. 文物，1976（10）．
〔30〕孝感地區第二期亦工亦農文物考古訓練班．湖北雲夢睡虎地十一號秦墓發掘簡報．文物，1976（6）．
〔31〕賈蘭坡，張振標．河南淅川縣下王崗遺址中的動物群．文物，1977（6）．
〔32〕陳文華，程應林，胡義慈．江西清江戰國墓清理簡報．考古，1977（5）．
〔33〕周世榮．湖南益陽市郊發現漢墓．考古，1978（8）．
〔34〕柳子明．長沙馬王堆漢墓出土的栽培植物歷史考證．湖南農學院學報，1979（2）．
〔35〕黃展岳．關於秦漢人的食糧計量問題．考古與文物，1980（4）．
〔36〕劉林．江西南昌市東吳高榮墓的發掘．考古，1980（3）．
〔37〕單先進，熊傳新．湖南湘鄉牛形山一、二號大型戰國木槨墓．文物資料叢刊，1980（3）．
〔38〕劉茂階，外國人與武漢牛肉業：未刊稿．存武漢市食品公司，1981．
〔39〕魏家甫．武昌牛業的一些記憶．存武漢市食品公司，1981．
〔40〕雲夢縣文物工作組．湖北雲夢睡虎地秦漢墓發掘簡報．考古，1981（1）．
〔41〕湖北省博物館．楚都紀南城的勘查與發掘：下．考古學報，1982（4）．
〔42〕鄂城縣博物館．湖北鄂城四座吳墓發掘報告．考古，1982（3）．
〔43〕季羨林．蔗糖的製造在中國始於何時．社會科學戰線，1982（3）．
〔44〕荊州地區博物館．江陵岳山大隊出土一批春秋銅器．文物，1982（10）．
〔45〕譚其驤，張修桂．鄱陽湖演變的歷史過程．復旦學報：社會科學版，1982（2）．
〔46〕熊亞云，丁堂華．鄂城楚墓．考古學報，1983（2）．
〔47〕黃展岳．試論楚國鐵器//湖南考古輯刊：第2集．長沙：岳麓書社，1984．
〔48〕劉彬徵．楚國有銘銅器編年概述//古文字研究：第九輯．北京：中華書局，1984．
〔49〕熊傳新．湖南戰國兩漢農業考古概述．農業考古，1984（1）．
〔50〕徐正國．棗陽東趙湖再次出土青銅器．江漢考古，1984（1）．
〔51〕河南信陽地區博物館，等．春秋早期黃君孟夫婦墓發掘報告．考古，1984（4）．
〔52〕雲夢縣博物館．湖北雲夢癩痢墩一號墓清理簡報．考古，1984（7）．
〔53〕劉彬徽．隨州擂鼓墩二號墓青銅器初論．文物，1985（1）．
〔54〕湖北省博物館．宜昌覃家沱兩處周代遺址的發掘．江漢考古，1985（1）．

〔55〕王慎行．試論周代的飲食觀．人文雜誌，1986（5）．

〔56〕李長年．略述我國穀物源流．農史研究，1987（2）．

〔57〕張建民．「湖廣熟，天下足」述論．中國農史，1987（4）．

〔58〕知子．西漢第一食簡——長沙馬王堆一號漢墓遣策食名一覽．中國烹飪，1987（8）

〔59〕長沙市烹飪協會．近代長沙宴席業名店．中國烹飪，1988（3）．

〔60〕彭錦華．沙市周梁玉橋商代遺址動物骨骸的鑑定與研究．農業考古，1988（2）．

〔61〕舒向今．湖南高坎壟新石器時代農業遺存．農業考古，1988（1）．

〔62〕周世榮．湘菜源流及其主要特點．中國烹飪，1988（3）．

〔63〕向安強．論長江中游新石器時代早期遺存的農業．農業考古，1991（1）．

〔64〕張國雄．「湖廣熟，天下足」的內外條件分析．中國農史，1994（3）．

〔65〕陳光新．荊菜的演化道路．中國烹飪研究，1995（4）．

〔66〕謝定源．論中國歷史上各飲食層的典型代表及文化特徵//李士靖．中華食苑．北京：中國社會科學出版社，1996．

〔67〕謝定源，白力剛．湖南名菜主要特點的量化分析．中國烹飪研究，1998（3）．

〔68〕陳光新．中國飲食民俗初探//春華秋實．陳廣新教授烹飪論文集．武漢：武漢測繪科技大學出版社，1999．

〔69〕何傑．湖南飲食文化地理及其與旅遊業的關係．武漢大學碩士學位論文，2000．

〔70〕藍勇．中國古代辛辣用料的嬗變、流布與農業社會發展．中國社會經濟史研究，2000（4）．

〔71〕藍勇．中國飲食辛辣口味的地理分布及其成因研究．地理研究，2001（2）．

〔72〕姚偉鈞．長江流域的地理環境與飲食文化．中國文化研究，2002（1）．

〔73〕陳美惠．張仲景養生思想與養生方法研究．北京中醫藥大學博士論文，2002．

〔74〕張春龍．湖南省近年出土簡牘文獻資料略論．第一屆中國語言文字國際學術研討會，2002（3）．

〔75〕謝定源．湖北名菜風味特色分析．飲食文化研究，2003（3）．

〔76〕陳曉鳴．九江開埠與近代江西社會經濟的變遷．史林，2004（4）．

〔77〕萬紅麗．從楚地墓葬出土資料看楚的飲食文化．南京農業大學碩士論文，2004．

〔78〕蔣慕東，王思明．辣椒在中國的傳播及其影響．中國農史，2005（2）．

〔79〕金珍淑．關於陸羽《茶經》中飲茶觀點的研究．浙江大學博士論文，2005．

〔80〕姚偉鈞．鄂西土家族原生態飲食文化的傳承與開發．湖北民族學院學報：哲學社會科

學版，2005（3）.

〔81〕顧筱和．1978年以來南昌餐飲經濟的變遷與趨勢．南昌大學碩士論文，2006．

〔82〕涂水前．武漢西餐市場現狀與發展．武漢商界，2006．

〔83〕萬里．長沙老店與湘菜．文史博覽，2006（5）．

〔84〕蔡宇華．湘菜名稱研究．湖南師範大學學報，2007（5）．

〔85〕肖劍峰．湖南省成人居民膳食結構和營養素攝入狀況分析．中南大學碩士論文，2007．

〔86〕鄧小英．《本草綱目》的養生思想研究．江西中醫學院學報，2007（2）．

〔87〕葛天平．發揮湖北資源優勢打造食品工業大省．當代經濟雜誌，2008（10）．

〔88〕江西省食品工業辦公室．改革開放30年江西食品工業發展成就和未來思路．食品在線，2008.12.29．

〔89〕王俊暐．關於贛菜振興問題的學術探討——「贛文化背景下的贛菜文化與經營研討會」綜述．企業經濟，2008（5）．

〔90〕易先橋，黃清峰．淺析武漢老字號餐飲企業衰敗的原因及其對策．理論月刊，2008（3）.

〔91〕曾曉林，彭滄海．湖南餐飲業發展比較分析及發展對策．省統計局貿外處，2008-11-4．http://www.i5177.com．

〔92〕李玉麟．先秦荊楚飲食研究．蘭州大學碩士論文，2009．

〔93〕趙鯤鵬．略論仲景著作中的飲食養生思想與方法．甘肅省中醫藥學會2009年學術研討會論文專輯，2009.10．

〔94〕「2010湖南食品加工及機械展覽會」宣傳部．湖南食品產業發展現狀及「十一五」食品工業發展規劃，2010.6.10．

〔95〕劉於清，李平．湘西少數民族飲食文化特色及可持續發展研究．南寧職業技術學院學報，2010（1）．

索引※

B

C

D

E

F

G

H

J

※　編者註：本書「索引」，主要參照中華人民共和國國家標準GB/T 22466-2008《索引編制規則（總則）》編制。

L

M

N

P

Q

R

S

T

W

X

Y

Z

後記

《中國飲食文化史》（十卷本）是國家出版基金資助項目，並列入「十二五」國家重點圖書規劃項目，我忝為「長江中游卷」的撰著者，深感榮幸。本卷幾經刪改，總算脫稿。本書力圖在廣泛查閱歷史典籍、考古資料，吸取學術界研究成果的基礎上，結合個人研究，嘗試系統地梳理長江中游地區飲食文化的起源與發展脈絡，並對該地區的飲食文化特徵做出具體分析。

在本書撰寫過程中，湖北省政協原副主席、湖北省食文化研究會會長胡永繼先生，湖北省政協原副主席陳柏槐、楊斌慶先生給予了親切關懷；得到了該書主編趙榮光教授的指導與督促；華中農業大學、武漢商學院、哈爾濱商業大學的領導與老師給予了大力支持；湖北省烹飪與酒店行業協會會長張賢峰先生，湖北省食文化研究會執行會長李斌先生、副會長李玉友先生，武漢大漢口食品有限公司劉海元董事長，華中師範大學姚偉鈞教授，湖北經濟學院盧永良、余明社教授，湘菜大師石蔭祥先生等給予了熱情的鼓勵；中國輕工業出版社馬靜編審、方程編輯等，中華書局劉尚慈編審付出了大量心血並提出了寶貴意見；參考了有關專家的研究成果，採用了有關傳媒與作者的圖片。在此一併致以衷心的感謝！

由於筆者水平有限，書中失當和錯誤之處在所難免，敬請讀者批評指正。

本書的研究與撰寫得到中央高校基本科研業務費專項資金資助（項目批准號2013PY099），特此鳴謝！

環境食品學教育部重點實驗室 華中農業大學 **謝定源**

2013年7月於武漢獅子山

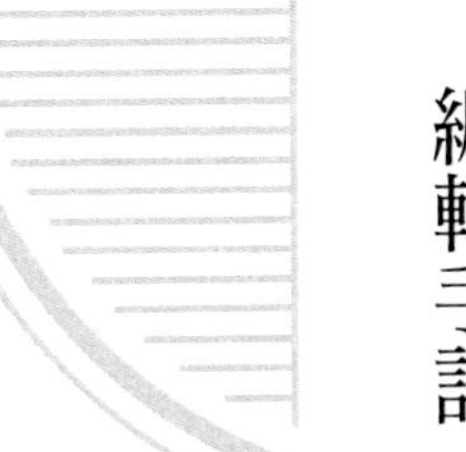

編輯手記

為了心中的文化堅守
——記《中國飲食文化史》（十卷本）的出版

《中國飲食文化史》（十卷本）終於出版了。我們迎來了遲到的喜悅，為了這一天，我們整整守候了二十年！因此，這一份喜悅來得深沉，來得艱辛！

（一）

談到這套叢書的緣起，應該說是緣於一次重大的歷史機遇。

一九九一年，「首屆中國飲食文化國際學術研討會」在北京召開。掛帥的是北京市副市長張建民先生，大會的總組織者是北京市人民政府食品辦公室主任李士靖先生。來自世界各地及國內的學者濟濟一堂，共敘「食」事。中國輕工業出版社的編輯馬靜有幸被大會組委會聘請為論文組的成員，負責審讀、編輯來自世界各地的大會論文，也有機緣與來自國內外的專家學者見了面。

這是一次高規格、高水準的大型國際學術研討會，自此拉開了中國食文化研究的熱幕，成為一個具有里程碑意義的會議。這次盛大的學術會議激活了中國久已蘊藏的學術活力，點燃了中國飲食文化建立學科繼而成為顯學的希望。

在這次大會上，與會專家議論到了一個嚴肅的學術話題——泱泱中國，有著五千年燦爛的食文化，其豐厚與絢麗令世界矚目——早在一百七十萬年前元謀（雲南）人即已發現並利用了火，自此開始了具有劃時代意義的熟食生活；古代先民早已普遍知曉三點決定一個平面的幾何原理，製造出了鼎、鬲等飲食容器；先民發明了二十四節氣的農曆，在夏代就已初具雛形，由此創造了中華民族最早的農耕文明；中國是世界上最早栽培水稻的國家，也是世界上最早使用蒸汽烹飪的國家；中國有著令世界傾倒的美食；有著製作精美的最早的青銅器酒具，有著世界最早的茶學著作《茶經》……為世界飲食文化建起了一座又一座的豐碑。然而，不容迴避的現實是，至今沒有人來系統地彰顯中華民族這些了不起的人類文明，因為我們至今都沒有一部自己的飲食文化史，飲食文化研究的學術制高點始終掌握在國外學者的手裡，這已成為中國學者心中的一個痛，一個鬱鬱待解的沉重心結。

這次盛大的學術集會激發了國內專家奮起直追的勇氣，大家發出了共同的心聲：全方位地占領該領域學術研究的制高點時不我待！作為共同參加這次大會的出版工作者，馬靜和與會專家有著共同的強烈心願，立志要出版一部由國內專家學者撰寫的中華民族飲食文化史。趙榮光先生是中國飲食文化研究領域建樹頗豐的學者，此後由他擔任主編，開始了作者隊伍的組建，東西南北中，八方求賢，最終形成了一支覆蓋全國各個地區的飲食文化專家隊伍，可謂學界最強陣容。並商定由中國輕工業出版社承接這套學術著作的出版，由馬靜擔任責任編輯。

此為這部書稿的發端，自此也踏上了二十年漫長的坎坷之路。

（二）

撰稿是極為艱辛的。這是一部填補學術空白與出版空白的大型學術著作，因此沒有太多的資料可資借鑑，多年來，專家們像在沙裡淘金，爬梳探微於浩瀚古籍間，又像春蠶吐絲，絲絲縷縷傾吐出歷史長河的乾坤經綸。冬來暑往，飽嘗運筆滯澀時之苦悶，也飽享柳暗花明時的愉悅。殺青之後，大家一心期待著本書的出版。

然而，現實是嚴酷的，這部嚴肅的學術著作面臨著商品市場大潮的衝擊，面臨著生與死的博弈，一個繞不開的話題就是經費問題，沒有經費將寸步難行！我們深感，在沒有經濟支撐的情況下，文化將沒有任何尊嚴可言！這是苦苦困擾了我們多年的一個苦澀的原因。

一部學術著作如果不能靠市場賺得效益，那麼，出還是不出？這是每個出版社都必須要權衡的問題，不是一個責任編輯想做就能做決定的事情。一九九九年本書責任編輯馬靜生病住院期間，有關領導出於多方面的考慮，探病期間明確表示，該工程必須下馬。作為編輯部的一件未盡事宜，我們一方面八方求助資金以期救活這套書，另一方面也在以萬分不捨的心情為其尋找一個「好人家」「過繼」出去。由於沒有出版補貼，遂被多家出版社婉拒。在走投無路之時，馬靜求助於出版同仁、老朋友——上海人民出版社的李偉國總編輯。李總編學歷史出身，深諳我們的窘境，慷慨出手相助，他希望能削減一些字數，並答應補貼十萬元出版這套書，令我們萬分感動！

但自「孩子過繼」之後，我們心中出現的竟然是在感動之後的難過，是「過繼」後的難以割捨，是「一步三回頭」的牽掛！「我的孩子安在？」時時襲上心頭，遂「長使英雄淚滿襟」——它畢竟是我們已經看護了十來年的孩子。此時心中湧起的是對自己無錢而又無能的自責，是時時想「贖回」的強烈願望！至今寫到這裡仍是眼睛濕潤唏噓不已……

經由責任編輯提議，由主編撰寫了一封情辭懇切的「請願信」，說明該套叢書出版的重大意義，以及出版經費無著的困窘，希冀得到飲食文化學界的一位重量級前輩——李士靖先生的幫助。這封信由馬靜自北京發出，一站一站地飛向了全國，意欲傳到十卷叢書的每一位專家作者手中簽名。於是這封信從東北飛至西北，從東南飛至西南，從黃河飛至長江……歷時一個月，這封滿載著全國專家學者殷切希望的滾燙的聯名信件，最終傳到了「北京中國飲食文化研究會」會長、北京市人民政府食品辦公室主任李士靖先生手中。李士靖先生接此信後，如雙肩荷石，沉吟許久，遂發出軍令一般的誓言：我一定想辦法幫助解決經費，否則，我就對不起全國的專家學者！在此之後，便有了知名企業家——北京稻香村食品有限責任公司董事長、總經理畢國才先生慷慨解囊、義舉資助本套叢書經費的感人故事。畢老總出身書香門第，大學讀的是醫學專業，對中國飲食文化有著天然的情愫，他深知這套學術著作出版的重大價值。這筆資助，使得這套叢書得以復甦——此時，我們的深切體會是，只有餓了許久的人，才知道糧食的可貴！……

在我們獲得了活命的口糧之後，就又從上海接回了自己的「孩子」。在這裡我們要由衷感謝李偉國總編輯的大度，他心無半點芥蒂，無條件奉還書稿，至今令我們心存歉意！

有如感動了上蒼，在我們一路跌跌撞撞泣血奔走之時，國賜良機從天而降——國家出版基金出台了！它旨在扶助具有重要出版價值的原創學術精品力作。經嚴格篩選審批，本書獲得了國家出版基金的資助。此時就像大旱中之雲霓，又像病困之人輸進了新鮮血液，由此全面盤活了這套叢書。這筆資金使我們得以全面鋪開精品圖書製作的質量保障系統工程。後續四十多道工序的工藝流程有了可靠的資金保證，從此結束了我們捉襟見肘、寅吃卯糧的日子，從而使我們恢復了文化的自信，感受到了文化的尊嚴！

（三）

我們之所以做苦行僧般的堅守，二十年來不離不棄，是因為這套叢書所具有的出版價值——中國飲食文化是中華文明的核心元素之一，是中國五千年燦爛的農耕文化和畜牧漁獵文化的思想結晶，是世界先進文化和人類文明的重要組成部分，它反映了中國傳統文化中的優秀思想精髓。作為出版人，弘揚民族優秀文化，使其走出國門走向世界，是我們義不容辭的責任，儘管文化堅守如此之艱難。

季羨林先生說，世界文化由四大文化體系組成，中國文化是其中的重要組成部分（其他三個文化體系是古印度文化、阿拉伯—波斯文化和歐洲古希臘—古羅馬文化）。中國是世界上唯一沒有中斷文明史的國家。中國自古是農業大國，有著古老而璀璨的農業文明，它是中國飲食文化的根基所在，就連代表國家名字的專用詞「社稷」，都是由「土神」和「穀神」組成。中國飲食文化反映了中華民族這不朽的農業文明。

中華民族自古以來就有著「五穀為養，五果為助，五畜為益，五菜為充」的優良飲食結構。這個觀點自兩千多年前的《黃帝內經》時就已提出，在兩千多年後的今天來看，這種飲食結構仍是全世界推崇的科學飲食結構，也是當代中國大力倡導的健康飲食結構。這是來自中華民族先民的智慧和驕傲。

中華民族信守「天人合一」的理念，在年復一年的勞作中，先民們敬畏自然，尊重生命，守天時，重時令，拜天祭地，守護山河大海，守護森林草原。先民發明的農曆二十四個節氣，開啟了四季的農時輪迴，他們既重「春日」的生發，又重「秋日」的收穫，他們頌春，愛春，喜秋，敬秋，創造出無數的民俗、農諺。「吃春餅」「打春牛」「慶豐登」……然而，他們節儉、自律，沒有掠奪式的索取，他們深深懂得人和自然是休戚與共的一體，愛護自然就是愛護自己的生命，從不竭澤而漁。早在周代，君王就已經認識到生態環境安全與否關乎社稷的安危。在生態環境嚴重惡化的今天，在掠奪式開採資源的當代，對照先民們信守千年的優秀品質，不值得當代人反思嗎？

中華民族篤信「醫食同源」的功用，在現代西方醫學傳入中國以前，幾千年來「醫食同源」的思想護佑著中華民族的繁衍生息。中國的歷史並非長久的風調雨順、豐衣足食，而是災荒不斷，迫使人們不斷尋找、擴大食物的來源。先民們既有「神農嚐百草，日遇七十二毒」的艱險，又有「得茶而解」的收穫，一代又一代先民，用生命的代價換來了既可果腹又可療疾的食物。所以，在中華大地上，可用來作食物的資源特別多，它是中華先民數千年戮力開拓的豐碩成果，是先民們留下的寶貴財富；「醫食同源」也是中國飲食文化最傑出的思想，至今食療食養長盛不衰。

中華民族有著「尊老」的優良傳統，在食俗中體現尤著。居家吃飯時第一碗飯要先奉給老人，最好吃的也要留給老人，這也是農耕文化使然。在古老的農耕時代，老人是農耕技術的傳承者，是新一代勞動力的培養者，因此使老者具有了權威的地位。尊老，是農耕生產發展的需要，祖祖輩輩代代相傳，形成了中華民族尊老的風習，至今視為美德。

中國飲食文化的一個核心思想是「尚和」，主張五味調和，而不是各味單一，強調「鼎中之變」而形成了各種復合口味，從而構成了中國烹飪豐富多彩的味型，構建了中國烹飪獨立的文化體系，久而昇華為一種哲學思想——尚和。《中庸》載「和也者，天下之達道」，這種「尚和」的思想體現到人文層面的各個角落。中華民族自古崇尚和諧、和睦、和平、和順，世界上沒有哪一個國家能把「飲食」的社會功能發揮到如此極致，人們以食求和體現在方方面面：以食尊師敬老，以食饗友待客，以宴賀婚、生子以及陞遷高就，以食致歉求和，以食表達謝意致敬……「尚和」是中華民族一以貫之的飲食文化思想。

「一方水土養一方人」。這十卷本以地域為序，記述了在中國這片廣袤的土地上有如萬花筒一般絢麗多彩的飲食文化大千世界，記錄著中華民族的偉大創造，也記述了各地專家學者的最新科研成果——舊石器時代的中晚期，長江下游地區的原始人類已經學會捕魚，使人類的食源出現了革命性的擴大，從而完成了從矇昧到文明的轉折；早在商周之際，長江下游地區就已出現了原始瓷；春秋時期筷子已經出現；長江中游是世界上最早栽培稻類作物的地區。《呂氏春秋・本味》述於二千三百年前，是中國歷史上最早的烹飪「理論」著作；中國最早的古代農業科技著作是北魏高陽（今山東壽光）太守賈思勰的《齊民要術》；明代科學家宋應星早在幾百年前，就已經精闢論述了鹽與人體生命的關係，可謂學界的最先聲；新疆人民開鑿修築了坎兒井用於農業灌溉，是農業文化的一大創舉；孔雀河出土的小麥標本，把小麥在新疆地區的栽培歷史提早到了近四千年前；青海喇家麵條的發現把我國食用麵條最早記錄的東漢時期前提了兩千多年；豆腐的發明是中國人民對世界的重大貢獻；有的卷本述及古代先民的「食育」理念；有的卷本還以大開大闔的筆力，勾勒了中國幾萬年不同時期的氣候與人類生活興衰的關係等等，真是處處珠璣，美不勝收！

這些寶貴的文化財富，有如一顆顆散落的珍珠，在沒有串成美麗的項鏈之前，便彰顯不出它的耀眼之處。如今我們完成了這一項工作，雕琢出了一串光彩奪目的珍珠，即將放射出耀眼的光芒！

（四）

編輯部全體工作人員視稿件質量為生命，不敢有些許懈怠，我們深知這是全國專家學者二十年的心血，是一項極具開創性而又十分艱辛的工作。我們肩負著填補國家學術空白、出版空白的重託。這個大型文化工程，並非三朝兩夕即可一蹴而就，必須長年傾心投入。因此多年來我們一直保持著飽滿的工作激情與高度的工作張力。為了保證圖書的精品質量並儘早付梓，我們無年無節、終年加班而無怨無悔，個人得失早已置之度外。

全體編輯從大處著眼，力求全稿觀點精闢，原創鮮明。各位編輯極儘自身多年的專業積累，傾情奉獻：修正書稿的框架結構，爬梳提煉學術觀點，補充遺漏的一些重要史實，匡正學術觀點的一些訛誤之處，並誠懇與各卷專家作者切磋溝通，務求各卷寫出學術亮點，其拳拳之心殷殷之情青天可鑒。編稿之時，為求證一個字、一句話，廣查典籍，數度披閱增刪。青黃燈下，蹙眉凝思，不覺經年久月，眉間「川」字如刻。我們常為書稿中的精闢之處而喜不自勝，更為瑕疵之筆而扼腕嘆息！於是孜孜矻矻、秉筆躬耕，一句句、一字字吟安鋪穩，力求語言圓通，精煉可讀。尤其進入後期階段，每天下班時，長安街上已是燈火闌珊，我們卻剛剛送走一個緊張工作的夜晚，又在迎接著一個奮力拚搏的黎明。

為了不懈地追求精品書的品質，本套叢書每卷本要經過四十多道工序。我們延請了國內頂級專家為本書的質量把脈，中華書局的古籍專家劉尚慈編審已是七旬高齡，她以古籍善本為據，為我們的每卷書稿逐字逐句地核對了古籍原文，幫我們糾正了數以千計的舛誤，從她那裡我們學到了非常多的古籍專業知識。有時已是晚九時，老人家還沒吃飯在為我們核查書稿。看到原稿不盡如人意時，老人家會動情地對我們喊起來，此時，我們感動！我們折服！這是一位學者一種全身心地忘我投入！為了這套書，她甚至放下了自己的個人著述及其他重要邀請。

中國社會科學院歷史研究所李世愉研究員，為我們審查了全部書稿的史學內容，匡正和完善了書稿中的許多漏誤之處，使我們受益匪淺。在我們圖片組稿遇到困難之時，李老師憑藉深廣的人脈，給了我們以莫大的幫助。他是我們的好師長。

本書中涉及各地區少數民族及宗教問題較多，是我們最擔心出錯的地方。為此我們把書稿報送了國家宗教局、國家民委、中國藏學研究中心等權威機構精心審查了書稿，並得到了他們的充分肯定，使我們大受鼓舞！

我們還要感謝北京觀復博物館、大連理工大學出版社幫我們提供了許多有價值的歷史圖片。

為了嚴把書稿質量，我們把做辭書時使用的有效方法用於這部學術精品專著，即對本書稿進行了二十項「專項檢查」以及後期的五十三項專項檢查，諸如，各卷中的人名、地名、國名、版圖、疆域、西元紀年、謚號、廟號、少數民族名稱、現當代港澳臺地名的表述等，由專人做了逐項審核。為使高端學術著作科普化，我們對書稿中的生僻字加了注音或簡釋。

其間，國家新聞出版總署貫徹執行「學術著作規範化」，我們聞風而動，請各卷作者添加或補充了書後的參考文獻、索引，並逐一完善了書稿中的註釋，嚴格執行了總署的文件規定不走樣。

我們還要感謝各卷的專家作者對編輯部非常「給力」的支持與配合，為了提高書稿質量，我們請作者做了多次修改及圖片補充，不時地去「電話轟炸」各位專家，一頭卡定時間，一頭卡定質量，真是難為了他們！然而，無論是時處酷暑還是嚴冬，都基本得到了作者們的高度配合，特別是和我們一起「摽」了二十年的那些老作者，真是同呼吸共命運，他們對此書稿的感情溢於言表。這是一種無言的默契，是一種心靈的感應，這是一支二十年也打不散的隊伍！憑著中國學者對傳承優秀傳統文化的責任感，靠著一份不懈的信念和期待，苦苦支撐了二十年。在此，我們向此書的全體作者深深地鞠上一躬！致以二十年來的由衷謝意與敬意！

由於本書命運多蹇遷延多年，作者中不可避免地發生了一些變化，主要是由於身體原因不能再把書稿撰寫或修改工作堅持下去，由此形成了一些卷本的作者缺位。正是我們作者團隊中的集體意識及合作精神此時彰顯了威力——當一些卷本的作者缺位之時，便有其他卷本的專家伸出援助之手，像接力棒一樣傳下去，使全套叢書得以正常運行。華中師範大學的博士生導師姚偉鈞教授便是其中最出力的一位。今天全書得以付梓而沒有出現缺位現象，姚老師功不可沒！

「西藏」「新疆」原本是兩個獨立的部分，組稿之初，趙榮光先生殫精竭慮多方奔走物色作者，由於難度很大，終而未果，這已成為全書一個未了的心結。後期我們傾力進行了接續性的推動，在相關專家的不懈努力下，終至彌補了地區缺位的重大遺憾，並獲得了有關審稿權威機構的好評。

最令我們難過的是本書「東南卷」作者、暨南大學碩士生導師、冼劍民教授沒能見到本書的出版。當我們得知先生患重病時即趕赴探望，那時先生已骨瘦如柴，在酷熱的廣州夏季，卻還身著毛衣及馬甲，接受著第八次化療。此情此景令人動容！後得知冼先生化療期間還在堅持修改書稿，使我們感動不已。在得知冼先生病故時，我們數度哽咽！由此催發我們更加發憤加快工作的步伐。在本書出版之際，我們向冼劍民先生致以深深的哀悼！

在我們申報國家項目和有關基金之時，中國農大著名學者李里特教授為我們多次撰寫審讀推薦意見，如今他竟然英年早逝離我們而去，令我們萬分悲痛！

在此期間，李漢昌先生也不幸遭遇重大車禍，嚴重影響了身心健康，在此我們致以由衷的慰問！

（五）

中國飲食文化學是一門新興的綜合學科，涉及歷史學、民族學、民俗學、人類學、文化學、烹飪學、考古學、文獻學、地理經濟學、食品科技史、中國農業史、中國文化交流史、邊疆史地、經濟與商業史等諸多學科，現正處在學科建設的爬升期，目前已得到越來越多領域的關注，也有越來越多的有志學者投身到這個領域裡來，應該說，現在已經進入了最好的時期，從發展趨勢看，最終會成為顯學。

早在一九九八年於大連召開的「世界華人飲食科技與文化國際學術研討會」，即是以「建立中國飲食文化學」為中心議題的。這是繼一九九一年之後又一次重大的國際學術會議，是一九九一年國際學術會議成果的繼承與接續。建立「中國飲食文化學」這個新的學科，已是國內諸多專家學者的共識。在本叢書中，就有專家明確提出，中國飲食文化應該納入「文化人類學」的學科，在其之下建立「飲食人類學」的分支學科。為學科理論建設搭建了開創性的構架。

這套叢書的出版，是學科建設的重要組成部分，它完成了一個帶有統領性的課題，它將成為中國飲食文化理論研究的扛鼎之作。本書的內容覆蓋了全國的廣大地區及廣闊的歷史空間，本書從史前開始，一直敘述到當代的二十一世紀，貫通時間百萬年，從此結束了中國飲食文化無史和由外國人寫中國飲食文化史的局面。這是一項具有里程碑意義的歷史文化工程，是中國對世界文明的一種國際擔當。

二十年的風風雨雨、坎坎坷坷我們終於走過來了。在拜金至上的浮躁喧囂中，我們為心中的那份文化堅守經過了煉獄般的洗禮，我們坐了二十年的冷板凳但無怨無悔！因為由此換來的是一項重大學術空白、出版空白的填補，是中國五千年厚重文化積澱的梳理與總結，是中國優秀傳統文化的彰顯。我們完成了一項重大的歷史使命，我們完成了老一輩學人對我們的重託和當代學人的夙願。這二十年的泣血之作，字裡行間流淌著中華文明的血脈，呈獻給世人的是祖先留給我們的那份精神財富。

我們篤信，中國飲食文化學的崛起是歷史的必然，它就像那冉冉升起的朝陽，將無比燦爛輝煌！

《中國飲食文化史》編輯部

二〇一三年九月

亮點書系・中國文化通史　A1002010

中國飲食文化史・長江中游地區卷　下冊

主　　編　趙榮光
版權策畫　李　鋒
責任編輯　楊婉慈

發 行 人　陳滿銘
總 經 理　梁錦興
總 編 輯　陳滿銘
副總編輯　張晏瑞
編 輯 所　萬卷樓圖書股份有限公司
臺北市羅斯福路二段 41 號 6 樓之 3
電話　(02)23216565
傳真　(02)23218698

出　　版　昌明文化有限公司
桃園市龜山區中原街 32 號
電話　(02)23216565
發　　行　萬卷樓圖書股份有限公司
臺北市羅斯福路二段 41 號 6 樓之 3
電話　(02)23216565
傳真　(02)23218698
電郵　SERVICE@WANJUAN.COM.TW
大陸經銷
廈門外圖臺灣書店有限公司
電郵　JKB188@188.COM

ISBN 978-986-496-147-4
2018 年 1 月初版
定價：新臺幣 380 元

如何購買本書：
1. 劃撥購書，請透過以下郵政劃撥帳號：
帳號：15624015
戶名：萬卷樓圖書股份有限公司
2. 轉帳購書，請透過以下帳戶
合作金庫銀行　古亭分行
戶名：萬卷樓圖書股份有限公司
帳號：0877717092596
3. 網路購書，請透過萬卷樓網站
網址　WWW.WANJUAN.COM.TW
大量購書，請直接聯繫我們，將有專人為您服務。客服：(02)23216565　分機 610
如有缺頁、破損或裝訂錯誤，請寄回更換

國家圖書館出版品預行編目資料

中國飲食文化史. 長江中游地區卷 / 趙榮光著. -- 初版. -- 桃園市 : 昌明文化出版 ; 臺北市 : 萬卷樓發行, 2018.01
冊 ;　公分
ISBN 978-986-496-147-4(下冊 : 平裝)
1.飲食風俗 2.中國
538.782　　107001751